Tudo que aprendi em Nova York

Tudo que aprendi em Nova York
Crônicas e ensaios sobre todas as vezes que saí de casa
Larissa Rinaldi

Booklet Edições
1ª Edição · 2022

Coordenação editorial: Gabriela Ribeiro.
Edição e preparação de textos: equipe Booklet Edições.
Revisão: equipe Booklet Edições e Letícia Gomes.
Capa e projeto gráfico: Marcela Abbade.
Diagramação e fechamento de arquivo: Felipe Xavier.
Adaptação para arquivo digital: Larissa Oliveira.

Dados Internacionais de Catalogação na Publicação – CIP
Câmara Brasileira do Livro, SP, Brasil.
RINALDI, Larissa. Tudo que aprendi em Nova York: crônicas e ensaios sobre todas as vezes que saí de casa – 1. ed. – Vitória, ES: Booklet Edições, 2022.

ISBN: 978-659-9960-15-2-1
1. Ensaios. 2. Crônicas 3. Nova York 4. Relatos pessoais
CDD 920-72

"Escrever um livro é um caminho longo, com desafios e descobertas. Nos últimos anos, contei com a ajuda de pessoas queridas, que acompanharam meus passos com afeto. Agradeço especialmente aos amigos, que doaram tempo e conhecimento para que essa obra saísse da minha gaveta virtual. Obrigada, Beatriz Abud, Gabriela Cuzzuol Ribeiro, Heloisa Villela, Luma Cabral, Nélida Costa, Yan Della Torre e Marcela Abbade."

Larissa Rinaldi

Sumário

Um livro sobre se conhecer

Eu cheguei em Nova York em 2018, aos 29 anos, bem no meio do Retorno de Saturno, na época da sua vida em que você, de fato, vira adulta.

Eu saí da minha zona de conforto e queria voltar para ela o mais rápido possível, mas não dava. Virar adulto é se acostumar com o desconfortável.

Eu vim morar na cidade mais diversa do mundo, onde adaptação é uma palavra simples demais para descrever o turbilhão de emoções que é viver aqui.

Antes da pandemia, eu já vivia em quarentena, como uma criança mimada que não quer sair debaixo das saias da mãe.

Nos últimos anos, tive muito tempo para olhar para dentro. Enquanto Saturno me puxava para a realidade, eu escrevia o que estava aprendendo, como alguém que anota as lições no caderno. Minhas lições viraram meu primeiro livro. Crônicas, ensaios e poemas sobre *Tudo que aprendi em Nova York*.

Só quem viveu sabe como é o processo de se (re)descobrir profissionalmente no exterior. Mas acho que ninguém sabe muito. Eu mesma estou descobrindo enquanto vivo.

Quem sou eu?

O que em mim sou eu?

Queria fazer uma introdução poética para cada parte do meu primeiro livro lançado.

Que orgulho!

Um livro escrito e assinado por Larissa Rinaldi, também conhecida como eu.

Nunca senti que eu tinha um lugar no mundo e pensei em registrar isso aqui. Mas qual é o objetivo de escrever um texto pequeno para explicar o que todas as crônicas deste livro querem desvendar:

O que em mim sou eu, e o que são as outras pessoas?

Concluo que é melhor não esclarecer ou sequer introduzir capítulos. Este é um livro de viagem ao fundo da alma escura, de passagens secretas, voltas ao começo, com os reveses dos jogos de tabuleiro, sem garantias de saída.

Deve ser difícil ser escritora

Não querer, às vezes, é normal
Não existe quem queira a mesma coisa todos os segundos de todos
os dias da vida
Ou sei lá... talvez exista
Eu não sou essa pessoa
apesar de querer, às vezes
até achar que vai durar para sempre
Mas aí, vem a vida
E a vontade de viver outras coisas

O problema deve ser esta necessidade sem sentido que rebela o conforto de seguir por estradas asfaltadas

Cresce, sem pedir licença, uma vontade inconveniente de ver o mundo pelo meu próprio filtro

Abrir caminho no virgem estado de vida adulta, sem pedir conselhos

Eu por mim

Inocência, tolice ou trauma

Já me estendi demais e perdi o foco, como de costume
Fato é que deve ser difícil ser mulher escritora.

Tudo é efêmero, menos eu

Em 2020, tudo é efêmero
menos eu

Não que eu seja especial
mas o Eu não é efêmero
Nem o meu, nem o seu

Por mais que nossas menores facetas sejam reverberadas de forma efêmera
Em redes digitais
de vídeos de 15 segundos
e fotos que não dizem nada

Eu não sou efêmera
Preciso ser
senão ninguém sabe de mim

Mas por dentro, sou profunda com escuridão, eco e luz
num corpo único, complexo e sem saída

O que em mim sou eu?

Há algum tempo, me questiono o que em mim é:

1. desejo meu;
2. projeção de outras pessoas em mim;
3. projeção minha para agradar outras pessoas.

O assunto é complexo, e este negócio de viagem ao fundo da alma é um caminho sem volta. Não se preocupe, ou se preocupe, se quiser. Este é um assunto seu com você e não vou me meter, só contar o lado de cá.

Faço terapia há anos, e começo a aceitar o fato de que algumas pessoas simplesmente sabem o que querem. Traçam um plano e seguem o caminho com muito esforço e poucos desvios. É difícil conviver com essa realidade quando você – eu, no caso – se sente perdido o tempo todo.

Eu sou diferente. Sempre achei difícil me encarar de frente, defender minhas vontades e ignorar expectativas externas. Covardia corrói, apequena e explode o espírito em crises terríveis de ansiedade.

Aí, dá-lhe terapia; aí, dá-lhe remédio.

Benditos sejam os corajosos, que me inspiram e apoiam, mesmo sem saber, mesmo sem entender porque eu prefiro as curvas da estrada de Santos no caminho de volta para casa.

Quanto ao resto, eu gostaria de odiar como acho que me odeiam ou ignorar como me ignoram, porque o silêncio, o silêncio é veneno na alma do artista e isso eu não posso perdoar.

Sem título

Todo mundo quer o que não tem, né? É a maior máxima do mundo, o maior clichê da humanidade.

Quer querer alguma coisa? Não a tenha.

Quer deixar de querer? Tenha!

Quer gostar da vida de solteiro? Tenha uma namorada!

Quer morar fora? Saia e sinta saudades do Brasil.

Não sei o que acontece com a mente dos seres humanos para a gente ser assim.

Talvez, seja medo de perder. Fiz um mapa astral e a astróloga disse que eu não gosto de mostrar sentimentos. Lendo este livro, você nem diria, mas experimenta falar comigo na rua. Sou uma pedra de gelo, não porque eu seja mesmo, mas sou boa em esconder sentimentos.

(– Lembra da minha jaula? Já chegou a esta parte do livro?)

Ela, a astróloga, me disse que teve uma grande ruptura na minha família quando eu tinha 2 anos. Eu, que achava que minha vida tinha acabado na separação dos meus pais, aos 6, ignorei completamente a morte do meu tio, o primogênito da família, quatro anos antes.

Eu, que não gosto muito de sentir (perceba aqui que já dei uma dica de quem realmente sou e não só do que pareço na rua), disse que não sabia como isso poderia afetar a minha vida, já que eu era tão pequena. Ela, com aquela expressão irritantemente paciente, típica dos que sabem algo que você não sabe, me convidou a olhar em volta, mesmo pequena, mesmo com 2 anos. Como ficou a minha família depois daquela morte?

Saber por lembrar, eu não sei, mas é lenda na família que meu avô morreu uns anos depois. Causa da morte: tristeza.

Não posso afirmar nada disso. Até posso perguntar ao meu pai, mas imagino que esse seja um assunto que traga muita dor e não quero fazer meu pai sofrer. Poderia recorrer a minha tia, mas com essa eu parei de falar em 2018. Sobrou a minha prima, que agora está na Austrália, e usa o fuso como desculpa para desfazer os laços. Marcela, minha esposa, de vez em quando, como quem não quer nada, pergunta pela prima que costumava frequentar a nossa casa. Eu digo que não sei e não ligo, mas ela pergunta porque eu ligo sim, mas como ela (a prima) não liga, está tudo bem falar sobre isso num livro que ela não vai ler.

Por que dói não sentir a dor da ausência do meu tio? Nem sei como era o rosto dele. Será que era bonito? E o que ele tem a ver com não sentir agora? Por que ele veio parar neste livro? Neste texto sem título ou propósito?

Quem eu tô tentando descobrir ser? E por que é tão difícil ser quando eu não (re)conheço a minha história?

A crise e a falta

Em meio à minha crise de 29 anos, me vejo retomando gostos que esqueci no meio do caminho.

Aos 18 anos, fui empurrada para a faculdade pela minha então namorada e minha mãe, que sonhava com um emprego público que eu nunca quis. Ela, minha mãe, queria – ou precisava – que eu seguisse os passos dela. O assunto era onipresente e eu, rebelde, inocente e crua, me exauria. Meu pai, por outro lado, dizia que jornalismo "não era para mim", que eu devia fazer a publicidade que ele um dia começou, em que ganhou prêmios, mas nunca insistiu.

Reparou como eu uso pronomes possessivos? Como se os desejos deles também fossem meus, como se a gente, nós três, fôssemos uma coisa só. E não somos. Seguimos assim por alguns anos: fiz intercâmbio, voltei, os assuntos continuavam os mesmos e eu queria fugir dali, ser onipresente só nas minhas vontades.

Arrumei um emprego em uma grande produtora e no cinema fiquei por dez anos.

Dez anos.

Uma década.

Dedicando corpo, alma e suor a uma profissão que eu não queria, achando que dava para fugir de mim, não me olhando no espelho e encarando os desafios de ser quem eu sou. Larguei a faculdade, aprendi a produzir, orçar, escrever, fiz cursos, conheci pessoas, saí de casa, do bairro, troquei a praia da Barra pelo asfalto da Paulista. Me ausentei de mim. Por escolha ou por medo. Nos quatro anos de São Paulo, me afastei de tudo que me era familiar; troquei os jornais pelas planilhas; jorrei milhares de ideias, planos, carências e frustrações nas mesas dos bares.

Me interrompi.

Fingi, como uma criança que se esconde atrás das cortinas, apagar minhas mágoas. Não dá para fingir a vida toda.

Volto às origens, meio sem saber o que fazer com meus 29 anos e nenhum rumo, com uma esperança quase infantil de quem não sabe o vencimento da conta de gás, mas que no fundo, sabe sim! E saber pode libertar ou limitar.

Criei condições para me reinventar e redescobrir. Para reencontrar a universitária e falar:

– Agora vai!

E vai, porque posso me dar o apoio de que sempre precisei. Aprendi a valorizar meu tempo e preencher meus vazios.

Hoje, sou livre das minhas próprias faltas.

Eu só não queria ser eu

I wanted to be you
Not to learn from you
Or even the other you
Anyone really
but me

Texto sem tradução, de uma escritora escondida nas sombras.

Imagina como seria mais fácil ser aquele jornalista brasileiro que mora em Nova York há 500 anos?

Ou aquele outro, do Brasil, que é super bem-sucedido e está em todos os lugares onde eu queria estar?

Ou até aquela blogueira que não é lá grandes coisas, mas tem relevância maior do que a minha.

Aliás, qualquer um é mais relevante do que eu.

Até a que eu julgo porque começou um podcast "tarde", depois que minha onda já tinha passado; aquela outra mulher que tem um sotaque esquisito; a que escreve sem concordância; a feia; a torta; a que não liga para os julgamentos; a que é a maior do Brasil; a que é uma das menores dos Estados Unidos.

Todas, todos e todes com relevância maior do que a minha.

Eu queria ser qualquer pessoa, na verdade, qualquer uma que não seja eu e vou mentir para você. Vou dizer que quero ser qualquer outra pessoa, porque eu gosto de palco. Seria fácil, se fosse só isso. Palco é fácil. Qualquer bunda no "padrão" arruma palco, mas não é só isso. Minha bunda é fora do "padrão", mas não é só isso.

Eu não quero ser eu para não ter que lidar com as minhas dores, meu passado, minhas frustrações e traumas.

Eu não quero ser eu
porque ser eu é
expor tudo isso
lidar com tudo isso
rever tudo isso

Ser eu é o drama que transborda da tela em branco com cursor piscante. É ter as minhas lembranças que nem sempre são boas. É ter o passado muito presente para usar a desculpa de não ser mais ninguém, além de mim.

Entorpecentes
Me entorpecer era a única maneira de continuar viva
Sem sentir
Sem concatenar

Atropelando todos os sentimentos para sentir depois
Para sentir agora
Para chorar durante a aula de yoga

Naquela noite
Muito mais escura do que todas outras
Nenhuma ressaca foi tão grande

Eu tinha desistido de mim
Depois que todo mundo desistiu também

Era só comigo que eu podia contar
Eu era pesada demais

Mas compareci
Aos trancos e barrancos
Mas compareci
Mudei
Senti
Me decepcionei
Voltei

Do breu
Do nada
Do azul mais escuro
Da ausência de luz
Da ausência de amor
Da ausência de cuidados
Da ausência de mim

E você ainda tinha coragem de me julgar
Depois de tudo isso
Depois de não ter morrido, graças única e exclusivamente a mim
Você achava que podia me dizer o que fazer
Ninguém que volta do que eu voltei escuta quem nunca esteve lá

Voltei porque fui me buscar
Sozinha
Sem você

Voltei para mim
Por mim
Do jeito que dava
E hoje, sem entorpecentes
Sei que voltei porque fui me buscar

Pensamentos de um segundo

Sabe os pensamentos de um segundo que mudam toda sua vida?

Por um segundo, e nada além disso, você vive uma nova história, com conflitos que nunca apareceram e nunca serão resolvidos.

Só naquele segundo, você muda de nome, endereço, interesses, paixões, problemas.

Você pensa em como seria se render ao seu desejo de um segundo e,

pluft

tudo some

Depois dos 30, perto dos 31...

Quem sou eu no banco de motorista?
Não no sentido literal, já que nesta prova eu não passei, mas no sentido figurado.

Quem sou eu, além de filha, sobrinha, esposa, amiga?
Quem sou eu, independente dos títulos, sobrenomes, traumas, ex?
Quem sou eu, além do caos da casa da minha mãe, das paredes de gesso, dos passeios gelados, dos aparelhos de TVs gigantes?

Quem sou eu, na casa que também é minha?
Quem sou eu, depois das crises de pânico, dos remédios, das terapias, dos cuidados?

Quem sou eu, que precisa de um balde de café de manhã, que não gosta de acordar muito cedo, mas que também não suporta ficar na cama até tarde?

Quem sou eu, além de todas as coisas que não são eu, mas que ainda me definem?

Tem dias...

Tem dias em que a gente quer voltar atrás, voltar para casa, voltar para o útero da mãe. Tem dias em que a gente faz tudo errado e é difícil se encarar.

Tem dias que são mais arrastados, em que precisamos lembrar que não estamos sozinhas, e que, mesmo que tudo pareça estar dando errado, passar por desafios já é dar certo.

Tem dias em que ter 30 anos pesa mais e você só quer acordar aos 40, quando vai ser mais madura e sensata, e tem dias que poderiam durar a eternidade para você aproveitar cada milésimo de segundo da tal felicidade.

Tem dias em que beber com os amigos alegra, e tem dias em que beber sozinha causa danos.

Tem dias em que as frustrações ficam maiores do que meu corpo de um metro e cinquenta e quatro e meio, e tudo explode.

Nesses dias

Eu só quero que acabe

Escrevo para me perdoar

É difícil ver futuro

A realidade acinzenta os sonhos

O amor próprio se dissolve

Falta coragem para me encarar

A luz invade e incomoda

Nesses dias, dá vontade de não acordar

Invisibilizada

Tem dias em que o chá de invisibilidade bate mais forte. É quando a gente olha o mundo e parece que nada vai mudar, mesmo assumindo mais responsabilidades, sentindo o pé mais firme no chão e confiando no futuro.

Me sinto invisibilizada quando entrevisto uma mulher foda sobre uma época escrota, quando leio o relato de outra mulher que também foi chamada de "meu amor", também ouviu que "era para ela se acalmar" e que também teve suas dores ignoradas.

Aí, começa o #metoobrasil e percebo que não fui só eu que desisti de (ou atrasei?) um sonho por causa de uns machos babacas. Se fosse só eu, tudo bem, se fosse só eu, aguentaria, e aguentaria por achar que era invencível, indomada.

Já quem relata, não! Essa sabe que é vulnerável e por isso é corajosa, encara tudo de frente e, mesmo estendida no chão, estica o tapete para a outra passar.

Aí eu não aguento

Me sinto impotente

Incapaz

Invisível

Eu não quero seguir o destino que quiseram me impor nem sucumbir às maldições que tentaram me empurrar, mas lutar contra o que acham que é justo para mim exigiu mais coragem que meu ser invisível era capaz de suportar, e coragem incomoda.

Derrotada

Sabe aqueles filmes em que fazem a transformação da personagem principal de gata borralheira em princesa, com várias cenas rápidas, sem diálogos, em sequência? Aquele tipo de filme em que a Anne Hathaway faz a transição de mulher malcuidada para uma bela princesa ou secretária importante?

Concordo, são versões modernas, porém datadas, da Cinderela.

Então, passo esses filmes ao contrário quando vejo uma vitória minha e comparo com as vitórias dos outros, sempre melhores, sempre mais brilhantes.

A passagem de tempo, para mim, é sair do estado de princesa em que respirei por poucos segundos e voltar à gata borralheira, sem final feliz.

Sem final

Carregando o fracasso de não ter garra para continuar, o padrão de estar sempre derrotada. Esperando que me salvem enquanto floreio o fundo do poço. Me amparando nas migalhas de quem (e como pode alguém) me ama(r?).

Arrependimento

Se arrependimento matasse, estaríamos mortinhos. É o famoso (me ajuda aqui, Pitty): "quem não tem teto de vidro que atire a primeira pedra". E todos temos, pelo menos uma parte (eu tenho o telhado inteiro) do teto de vidro, talvez até de cristal.

Fino, elegante e precisamente posto na parte da história que dói, lá onde ficam os machucados sem curativo e sem perdão.

Não pedir perdão é normal, mas corrói e, um dia, inunda. Já não me perdoei pelas várias "cagadas" que fiz na vida. Quem nunca?

A gente acha que vem ao mundo e não vai errar, que vai arrasar, dar o nosso melhor e que, depois de passada uma fase, o erro não se repete, mas deixa eu te contar um negócio:

– A vida não é linear.

É no sofrimento que a gente aprende, não necessariamente a sermos melhores; a gente aprende mesmo a cair sem se machucar tanto.

Um pedido de perdão

Por mais louco que possa parecer, quando me deparo com uma mulher que está numa batalha mental da qual já saí vitoriosa, tenho uma tendência à rejeitá-la. Não por maldade, só não quero me deparar com aquele ser frágil e inseguro de outrora, porque talvez minha vitória ainda não seja consistente. Como se encarar meu reflexo em outro corpo pudesse me levar de volta àquele lugar.

E não pode! Vou explicar com detalhes, saindo um pouco do meu estilo superficial, mas sinto que um aprofundamento no tópico possa ser útil para que gerações de mulheres não se sintam mais solitárias. Pretensão? Talvez, mas vamos lá!

Primeiramente, eu não sou a mesma mulher de três minutos atrás. Carrego, neste segundo, vitórias e derrotas que fazem parte da minha fundação e não há reflexo que me desestruture, assim como não há capa de revista que me deixe magra ou creme que tire minhas rugas.

Deu para entender?

Vou ser mais clara. Participo de vários grupos de mulheres que se apoiam; tenho um podcast com uma amiga; sou casada com uma mulher; estou em grupos femininos de trabalho etc. Ainda assim, toda vez que me deparo com uma mulher que me lembra de um momento obscuro da minha vida, tenho a tendência de me afastar. Esqueço que meus pilares são firmes, construídos com a força de mulheres que me puxaram com generosidade para o lugar onde estou hoje. Talvez ainda seja difícil confiar na minha base que, por tanto tempo, foi despedaçada.

– Mas pode confiar – digo a mim mesma, em tardes quentes e agoniadas.

– Confia e pede perdão.

Autorretrato

Eu sempre me achei uma pessoa indefesa. Mesmo. Sem drama – pelo menos por agora. O que você imagina de uma pessoa indefesa são feições sutis e traços leves. Uma pessoa delicada, e eu sou tudo, menos delicada. Sou uma baixinha mal-encarada que pouco ri! É assim.

Nunca tive facilidade para fazer amigos, nunca sou desafiada nas correntes de internet, nunca ninguém senta ao meu lado no ônibus – o que eu achava muito bom no calor do Rio de Janeiro – e só entendi o porquê disso agora, que me percebi como uma pessoa carrancuda.

Minha esposa diz que eu tenho testas musculosas. Deve ser porque passo metade do tempo com a cara fechada. Para mim, esse é o normal. Talvez não tenha sido sempre assim, talvez eu tenha deixado meu sorriso frouxo nas fases em que precisei me proteger de tudo e de todos.

Esses dias, arrumei uma briga desnecessária, – como quase todas são – porque fui muito grossa com quem estava apenas desabafando. Eu tenho essa grosseria na fala, talvez por isso as pessoas não me desafiem na internet. Eu não me desafiaria.

O começo da virada

Já deu para perceber que este não é um livro com belas histórias de romance e inspiração. Não que não tenha um pouco de romance e de superação, o que por si só pode ser inspirador, mas não é a essência.

Na primeira parte do livro, escrevi que não queria me apegar a introduções, mas acho que preciso de alguns parágrafos para compartilhar a agonia que sinto ao revisar parágrafos que revelam tanto sobre o que eu penso de mim, sabendo que tenho imagens distorcidas de quem eu sou, do que é conquista e ainda me apego muito ao que era considerado sucesso no Rio de Janeiro dos anos 1990.

Eu poderia ter morrido

Eu sempre falo, em conversas sobre a minha evolução pessoal, que eu poderia ter morrido. Por muito tempo, me entorpeci para não viver a dura realidade de ser o fruto de uma casa doente.

Mas quando me gabo da minha capacidade de não morrer, na verdade, eu quero prêmios por não ter morrido, por ter tido forças, por ter superado. Como se o prêmio maior não fosse a minha própria vida e como se um troféu pudesse resolver minhas questões pessoais.

Porque eu quero garantias, mas quem não quer? Um prêmio por apenas ser é a garantia de que eu sou uma pessoa, portanto, nunca mais posso ser marginalizada como um objeto que se desgastou pelo uso, com uma rebeldia incontrolada.

Eu tenho medo de viver e, às vezes, de morrer, porque à margem do amor familiar sobrava o choro seco engolido na volta solitária do banco de carona e o abandono permanente quando acabava a festa e todos iam embora. Ficávamos só eu e ela, em drogas, separadas por uma parede, sem resgate, sem carinho, sem salvação.

A paz que posso pagar

Hoje, tive minha primeira sessão de terapia por vídeo no WhatsApp. Dizem que paz de espírito não tem preço, mas não é totalmente verdade. Ela só não tem preço para quem já tem a paz. Para quem precisa e pode pagar: faça terapia. Eu sei que estou mais leve depois de reencontrar minha terapeuta.

Quando me mudei para São Paulo, demorei para admitir que precisava de ajuda para me reestruturar dos traumas, então recentes, e da mudança brusca. Hoje, aos 30 anos, — não sei porque parece tão importante mencionar essa idade — talvez eu tenha medo de cair na pressão da mídia de fingir que mulher não envelhece e esquecer, sem perceber, que estou envelhecendo. Eu acho isso mais libertador do que o medo que tentam colocar na gente.

Enfim, semana passada, procurei o telefone da minha terapeuta de São Paulo e mandei um WhatsApp dizendo que estou há seis meses morando em Nova York, e que gostaria de voltar a fazer terapia, porque tenho vivido dias de muita ansiedade.

Hoje, estou me parabenizando pela iniciativa não precoce, mas madura. Eu gosto de observar meu amadurecimento como se estivesse olhando de fora. Observar me traz paz, a do tipo que não posso pagar.

A primeira vez que me senti confortável

Me senti confortável no meu corpo – pela primeira vez na vida! – esta semana, durante uma aula de yoga, e não foi com o meu corpo físico.

Eu me senti confortável com a essência, que parece ter finalmente se encontrado e se costurado nas extremidades do corpo que habita.

De vez em quando, é verdade, minha alma tenta voar, como se liberdade só fosse possível fora, mas a consciência, paciente que é, ajusta os pontos e traz de volta a necessidade de ser inteira.

Espelhos são difíceis de encarar

A estranha que mora em mim saúda a estranha que mora em você

Sabe o que eu descobri? Que eu posso ser a tiazinha do Facebook, que não entende nada e faz as perguntas mais desconectadas com o assunto numa sala de aula, e tudo bem. Esse tipo de constrangimento também pode acontecer em uma conversa com amigos, em uma opinião sobre um assunto de que eu não entenda completamente e assim vai.

Eu sempre quis ser cool, fugir do meu instinto natural de ser estranha. Quis me enturmar, andar com as pessoas legais. Minha mãe odiava meus amigos, chamava todo mundo de "más influências" – e talvez fossem mesmo –, não pelo conceito que ela tinha, mas, porque para parecer com eles eu me afastei de parecer comigo.

Tudo bem não gostar da pessoa estranha na sala que se parece comigo – espelhos são difíceis de encarar. Tudo bem também demorar a entender alguma coisa e não ser a pessoa mais inteligente da sala, apesar de ter aprendido que certo é almejar o oposto.

E ainda bem! Porque é chato discordar só para ser diferente. É pedante. E isso vem de uma aquariana!

E, se eu chego atrasada, não tem como acompanhar a vida como se tivesse chegado na hora. E eu cheguei atrasada nessa cidade. Trinta anos atrasada. Antigamente, eu achava que precisava chegar, fazer alguma coisa até o final e recolher resultados imediatamente. A vida não é assim.

Isso é bom nos Estados Unidos. Acho que existe toda a indústria da beleza, mas as pessoas comuns são menos ligadas nesse tipo de pressão. Pelo menos é assim que eu me sinto, mas de novo:

– Eu já tenho 30 anos.

Eu sou tímida e usei essa máscara de ser *cool* para me incluir num mundo em que eu não queria estar, onde me sentia oprimida.

Ficou confuso, né?

Larissa Rinaldi

A vida não é linear e nem são os pensamentos.

O papel do escritor é exprimir sentido às confusões da alma. Acho que quero dizer que está tudo bem ser estranha e que, pela primeira vez na vida, me sinto confortável com isso.

Os conselhos que a gente escuta

A gente toma pouco ou nenhum cuidado com os conselhos que leva para vida, né? Não é porque tem alguém dando palestrinha sobre um assunto ou é chefe que ela (ele) é bem resolvida(o) com o assunto em questão.

Deixa eu explicar: no podcast, tenho perguntado às minhas entrevistadas sobre os melhores e piores conselhos que cada uma já recebeu em sua carreira e escutado coisas difíceis de acreditar. Além do ambiente de trabalho, também escutamos conselhos de parentes, amigos e figuras de autoridade e esquecemos que muitos dos conselhos simplesmente não se encaixam na nossa vida. É preciso autoconhecimento para ouvir conselhos ou se espelhar em alguém.

Quero viver só os meus sonhos

Outro dia, eu me peguei aplicando para um trabalho na ONU. Não que eu não ache a ONU uma organização de respeito. Para falar a verdade, nunca entendi muito bem o que eles fazem. Sei que têm respeito e reúnem líderes mundiais para discutir soluções que nunca vi em manchetes de jornais.

A ONU me perdoe, mas eu nunca quis trabalhar lá. Há um ano, moro em Nova York e, pela primeira vez no meu processo de procurar emprego, me candidatei a um cargo na ONU.

Imagina que chique? Minha mãe ia poder falar, lá no Brasil, que a filha dela trabalha na ONU. As outras pessoas provavelmente não dão tanto valor à ONU, mas a minha mãe dá! E eu sou uma dessas pessoas. Imagina que saco ser babá de líder mundial que não está nem aí para os direitos humanos? Passar sua carreira inteira tentando convencer gente de terno e gravata a se preocupar com a preservação da Amazônia, não com os cosméticos! E sem deixar virar pasto para boi! Missão impossível.

Eu "estou cagando" para os líderes mundiais, menos para a Rainha Elizabeth II, que não manda nada e, em 2019, definitivamente não deveria estar mais ali, mas eu acho ela fofa. Adoro invejar a altura e elegância da Kate Middleton, mas adoro mais ainda as transformações que a Meghan está trazendo para a famosa e privilegiada família da Inglaterra.

Eu me recuso a escrever família "real". Que família não é real? Uma mãe solo lutando para criar seus filhos é uma família real, assim como eu, minha esposa e nossas plantas. Família realíssima – de papel assinado e tudo! Somos uma família real reconhecida recentemente e temos sim que comemorar.

Escrevo para que um dia a gente não precise mais comemorar essa vitória, para que um dia a gente fale só "casamento" e comemore só o amor.

E a ONU que me desculpe, mas prefiro escrever para o povo, num estilo desengonçado que ainda tento descobrir, com palavrões, gírias e sem muita pontuação. "Caguei" para os homens de terno e gravata, porque:

1. Eu nem gosto muito de homens.
2. Prefiro as pessoas de riso solto, na praia, falando sobre a vida.

Não que a galera da praia não saiba nada de economia. A gente sabe muito bem quando o tomate aumenta, sem sermos belas, recatadas e do lar. A gente sabe de economia, porque a comida pesa no orçamento de quem sai de casa às 4:00 da manhã, não aperta a mão de nenhum executivo o dia inteiro e volta com a esperança de uma vida melhor.

A ONU não é meu sonho. Nunca foi, porque eu prefiro as pessoas com alma. Padrões me soam como mais uma forma de nos engessar numa sociedade que quer sugar o que temos de melhor: nossa autenticidade. Quase caí na balela de viver um sonho que não era meu, pelo status que isso me daria. E que fique claro que eu não tenho nada contra a ONU nem contra quem coloca seu suor em tentar mudar os valores mais entranhados em uma sociedade doente. A questão é que eu não queria viver um sonho que não é meu.

Também não quero vender minha arte na praia. Quero deixar ela aqui, disponível para quem quiser, ter um sustento que me dê liberdade e lançar livros que meus amigos vão comprar "para dar uma força", sendo que são os únicos que escutam meus devaneios nas mesas dos bares.

Mas é isso que eu quero, mesmo que eu não venda um livro, o que não vai acontecer, porque eles sabem que tenho uma lista de pessoas que "amaldiçoo" quando não apoiam o meu trabalho. E, se não sabiam, estão sabendo agora.

Enraizada em mim

O que é isso em mim que quer comprar o que eu não quero?

Que troca o livro pela loja online, só pelo medo de "sair muito do mundo"?

Dentro do meu eu, é inadmissível ser ainda mais estranha

Aí, eu tento me encaixar
comprando coisas de que não preciso
trocando livros por tênis
só para não ceder
para não me render
para ser mais mundana
para continuar propagando o padrão que meu amigo, aos 10 anos, apontou:

– Você é a pessoa mais diferente que eu conheço, tentando ser a mais normal.

Eu era
Eu sou

Por que? Não sei o porquê
Diferente não é amado
Eu quero ser amada
me encaixar em algum padrão
ter algum lugar
me sentir um pouco conectada

Diferente enraíza em si e dá trabalho
Não queria trabalho
queria ser normal
Deu mais trabalho

Que saco
Será que passa?

Larissa Rinaldi

Os espirais da vida

Esta parte vai ser um pouco mais
mística, mas juro que vai valer a
pena. Acontece que, apesar de me
achar a mais estranha das criatu-
ras e tentar, com todas as minhas
forças, esconder a potência do meu
um metro e cinquenta e quatro e
meio, têm assuntos em que não
posso deixar de tocar.

Os espirais da vida

Tive uma criação que, nos termos de hoje, podemos chamar de holística. Lá em casa, ninguém era extremamente católico, budista ou espiritualizado, mas todo mundo acreditava em um pouco de tudo.

Na infância e adolescência, ouvi e li sobre os mistérios do universo, psicologia, padrões de comportamento, programação neurolinguística, astronomia, astrologia e basicamente tudo que envolvia "o céu, a água e o ar". Livros como *O segredo* e *O homem e seus símbolos* permeiam conversas casuais com os intelectuais que me colocaram no mundo e, sem nenhuma cerimônia, ciência e crenças se misturam. Eu cresci acreditando em um pouco de tudo, e sigo assim.

Recentemente, fiz um processo de coach e, em uma das sessões, ouvi uma frase que explodiu a minha mente:

— Nossa vida é feita de espirais.

Segundo os estudos dela, a gente repete padrões a cada sete anos e pensar nesse espiral, em vez de me aprisionar no medo da próxima onda de erros, me libertou.

Ainda acho esquisita a sensação de infinitude da vida. Adoraria assinar em cartório, com firma reconhecida, um certificado de superação de trauma, mas parece que esse certificado não vai rolar.

Dizem que aproveitar o caminho é o segredo para lidar com a ansiedade. Sigo testando.

P.S: Não é sobre ser conformista, é sobre se preparar para não cair tão feio no próximo golpe.

Alerta, textão

Antigamente, eu achava que seguir uma religião era sinal de fraqueza. Hoje, eu sei o quanto eu era idiota e vejo que o budismo mudou a minha vida.

É preciso muita força para assumir a responsabilidade de olhar para dentro e causar sua própria revolução humana. Só tenho a agradecer a todos que passaram pela minha vida e, de alguma forma, influenciaram minha decisão. Especialmente meu pai, que sempre me fez ter uma visão expandida da espiritualidade. E, claro, minha prima, que literalmente me levou pela mão.

Dia 28 de agosto de 2016, eu viro oficialmente "budinha". Gratidão é tudo que eu tenho no meu coração e eu sou indescritivelmente feliz por isso.

NMRK

A People da minha casa

Hoje, decidi organizar meus documentos virtuais. Estou, desde o começo do ano, tentando interpretar a mensagem que o universo insiste em me mandar. Ouço, semanalmente, um podcast astrológico que repete a mensagem:

– Os aquarianos precisam arrumar as gavetas e se organizar.

Como não costumo arrumar confusão com o universo, aqui estou eu, desde o começo do ano, arrumando gavetas que insistem em se bagunçar, ideias que persistem em me confundir e documentos que continuam a se entrelaçar como os rolos de fita cassete. Nem sei mais onde procurar, mas sempre encontro uma bagunça para arrumar.

Hoje, minha esposa disse que vai arrumar minhas revistas. Nunca assinei revista, mas volta e meia fico horas na banca de jornal, escolhendo algumas para levar. Não faz muito tempo, começou a chegar uma assinatura da *People* na caixa do correio. Nunca assinei revista de fofoca, mas ela chega em meu nome. Resolvi guardar algumas para montar um board dos sonhos. Aqueles que dizem que é bom fazer para visualizar nossos desejos se tornando realidade. Coisa de *O segredo,* sabe?

O problema é que eu e a *People* não temos nada em comum, e mesmo querendo ser muito especial, eu tenho um gosto estranho pelo comum. Até tentei me adaptar ao sonho de viver em casas enormes, festas barulhentas, almejar prêmios sem sentido, vestidos apertados, sapatos desconfortáveis, acessórios brilhantes e bolsas iguais. Não deu! Tenho medo de casas enormes, preguiça de barulho e ojeriza de roupas apertadas, desconfortáveis e iguais. Não vou ser hipócrita em questionar os prêmios, afinal, também gosto de presentear meus amigos; o que me cansa é a cerimônia sem fim, do tipo que combina tudo que me esgota.

Nem entro nas redes sociais em dia de Oscar. Só gosto de olhar os vestidos que eu não gostaria de usar, aliás, preciso avaliar melhor isso. Na revista que eu recebo não tem uma foto de alguém praticando yoga, lendo um livro ou curtindo um colinho no sofá. Poxa, *People*! Como vou visualizar meu futuro, se vocês não publicam um casal de lésbicas sentadas em frente à lareira? Será que é proibido publicar preguiça na *People*?

Limites são necessários

Se você não estabelece o poder do outro na sua vida, você sempre vai estar à mercê das vontades dessa pessoa. Impor limites é viver a sua vida de acordo com o que funciona para você.

Por muitos anos, eu fui carente de afeto, amor próprio e autoconfiança. Nem sei como cheguei até aqui. Juro. Tive pessoas muito iluminadas na minha vida, que me trataram com respeito e amor quando nem eu era capaz.

Mas nem todas foram assim, pelo contrário. Várias aproveitaram minha falta de limites para se beneficiarem do meu amor e generosidade.

Eu não estava errada em ser generosa. As pessoas que queriam sugar tudo que eu tinha de melhor e me deixar para trás que estavam erradas, mas essas pessoas sempre vão existir. Talvez eu tenha sido essa pessoa na vida de alguém, não sei. O lance é que a gente precisa aprender a impor limite, e se o seu limite incomoda outra pessoa, esse é um problema dela.

É um compromisso seu com você saber até onde permite algo que lhe faz bem ou mal.

E vou contar um segredo: ninguém te busca no fundo do poço! Sair dele é um caminho solitário.

Cuidado com as permissões que você dá para que alguém te jogue lá.

O Universo escuta as nossas intenções

Estamos vivendo o que deve ser um dos anos mais desafiadores da nossa existência. Observe que eu escrevi "desafiadores" e não "difíceis".

Tenho refletido, há algum tempo, sobre o efeito das nossas intenções na vida prática. É comum que a gente peça coisas em orações, mas pouquíssimas vezes prestamos atenção nas intenções que estamos emanando fora daquele momento de concentração.

Já parou para pensar que Deus, o Universo e até a nossa mente não foram alfabetizados na "língua humana"? Quando pedimos algo, nunca pensamos no receptor e me parece que o mesmo tem uma linguagem muito mais sutil do que as que conseguimos, cuidadosamente, formular em oração.

A arrogância de escrever sobre a vida

Passei anos tentando descobrir o que em mim sou eu. Vide o nome de uma das crônicas, vide todos os textos lidos até agora, vide todas as minhas tentativas profissionais fracassadas para fugir de fazer isso aqui: lançar um livro.

Mas aqui estou, né? E agora? O que que eu vou fazer com esta faca cega e este queijo meia cura duro, esquecido na geladeira? Talvez eu devesse trocar a faca por um ralador. Como é o nome da apresentadora do MasterChef? Preciso ter certeza de que posso fazer essa troca. Droga! Acabou o tempo, eu preciso empratar! Então, lá vai...

Tela em branco

Uma tela em branco. É assim que começam grandes histórias de amor. Não são necessários grandes artistas para retratar verdadeiras histórias de amor, elas nascem naturalmente, como uma flor que desabrocha na primavera.

Perguntas que guiam

Tentando encontrar um caminho, descobri que minhas respostas estavam nas perguntas.

Quando vim morar em Nova York, em 2018, eu queria mudar os rumos da minha carreira. A intenção era escrever tudo, sobre todas as coisas, mas logo entendi que precisava me entender. Só que saber de si exige muita coragem e nem sempre estamos preparadas.

Tentando me encontrar na carreira, fiz perguntas e conheci mulheres incríveis que também estão passando ou passaram pelas mesmas coisas que eu.

O que eu queria que descobrissem?

Tenho uma planilha onde anoto assuntos para escrever aqui, na newsletter ou onde for apropriado, porque artista não é aquela galera que vende miçanga na praia. Pode ser, mas artista precisa de organização mental como todo mundo, senão não sai nada. Não só de organização mental, a gente precisa de muitas coisas, inclusive organização mental. Eu organizo minha mente em planilhas. Olhar meu planejamento criativo em células do Excel me dá muita paz interior para criar, editar e continuar.

Uma das ideias da planilha tem o título: *Eu nunca fui descoberta*, e agora que estou ganhando relevância nas redes sociais, pergunto exatamente o que eu queria que descobrissem.

Existe uma ilusão de que as coisas são fáceis, de que pessoas são descobertas por um agente poderoso, e que a vida está toda resolvida.

Alerta Spoiler: não está!

Várias convidadas minhas no podcast já falaram sobre isso e, cada dia mais, eu me convenço de que não existe caminho fácil. A gente precisa cavar nossos espaços. O desafio do outro pode parecer fácil para você, mas para ele não é.

Ao contrário do que fui ensinada, expor seus trabalhos é essencial para que as pessoas a conheçam e reconheçam pelo o que você faz.

Preciso resolver a falta de credibilidade que tenho comigo

Pessoalmente, estou há 23 dias na quarentena. Lembro da última vez que saí e parece que foi no ano passado. Fui prestigiar uma amiga no evento de comemoração de três anos do blog dela. Que saudades eu sinto de sair, mesmo que não saísse tanto, na média comparada a outras pessoas e até comigo mesma, em outras épocas.

Mas que saudade eu sinto de ver a rua, estar em lugares amplos, das tardes de calor do verão, quando eu usava short jeans, de sentir o cheiro fresco das coisas e até do metrô sujo de Nova York!

O verão, esse sim foi no ano passado. E eu me preocupo se vai ter verão neste ano. Não o verão propriamente dito, que nunca falha em chegar, mas vamos ter a chance de sair e aproveitar?

Só para lembrar: fique em casa!

É primavera em Nova York. Da janela de casa, vejo uma grande avenida com poucos carros na rua e, na maior parte da semana, abro a janela e sinto uma brisa agradável abaixo dos 20 graus. Os dias passam lentamente com a trilha sonora de uma sirene, insuportavelmente alta, que interrompe o silêncio da agora cidade fantasma.

Limito minhas saídas ao mercado do outro lado da rua, passo o dia atualizando a página da Amazon para ver se consigo entregas de produtos básicos para evitar sair. Até encontro os produtos, só não encontro horário de entrega. É puxada a vida da *quarentener* privilegiada.

Voltando à minha janela: vejo as flores crescendo na avenida, escuto as sirenes altas, penso em quão esquisito é ver as ruas sem carro, olho para o além em busca de uma resposta e rezo ao vento.

Penso em todos que não podem contemplar a vida; termino em três dias as cervejas que compro para duas semanas; faço aula de yoga; ligo para os amigos; entro em conferências de pessoas que não conheço; quebro minhas próprias regras; tomo vitaminas; rolo na cama; acordo.

Começa tudo de novo.

Quando penso em fazer algo diferente, chego à conclusão de que amanhã é um bom dia para começar, mas preciso resolver isso. Não a falta de iniciativa, mas a falta de credibilidade que tenho comigo. Sendo assim, quase todos os dias eu começo algo novo. Se eu não o fizesse, faltaria cerveja no mercado. Começar é mais forte do que eu, só acho difícil continuar. Como este texto, que estou escrevendo há horas e não sei como terminar.

Inveja tem quem não pode

Não sei se tenho preguiça da Sandy porque acho ela incrivelmente sem graça – como a minha prima – ou se tenho inveja da minha prima porque acho ela incrivelmente perfeita – como a Sandy.

Aliás, acho que as duas têm a mesma idade. Como não ter inveja de uma pessoa simpática, bem-sucedida, inteligente, talentosa e linda? Não é por nada não, prima, mas você deixou a coisa difícil na família. Elevou muito o patamar. Você acha que meu pai não iria querer falar por aí que, aos 30 anos, eu já tinha apartamento próprio, carro importando, filho de olhos claros e ainda disposição para viajar com recém-nascido? Claro que iria. Assim como eu amaria falar por aí que meu pai tem um barco na Bahia, e, neste momento, faz uma travessia em mar aberto como o meu padrinho.

Eu até queria, mas nem meu pai – que bem queria que eu fosse bem-sucedida aos 30 anos – acha legal trabalhar para uma empresa de cigarros, nem eu acho legal meu pai se aventurar em alto-mar, sem um responsável do lado. Eu sigo sem ser bem-sucedida e meu pai segue morando no meio do mato. Somos seres de ambições diferentes e, em silêncio, achamos que somos mais felizes.

Eu seria ótima em tudo

Por nunca ter acreditado que poderia viver de escrever, – ainda tenho dificuldades, na verdade – busquei em outras vidas um norte de como conduzir a minha. E quando você está voando, parece que tem capacidade para fazer quase tudo, menos o que você precisa aceitar que deve fazer. E absolutamente qualquer solução parece mais fácil do que carregar o fardo pesado de ser quem se é.

Eu não queria viver de escrever, porque não queria me expor. Escrever é colocar suas vivências mais profundas em palavras conectadas (ou não). Fato é que eu era boba, porque para realizar qualquer tarefa é preciso se expor, mostrar inseguranças, assumir que não sabe, perguntar e estar pronta para fazer alterações.

Eu não estava pronta para fazer alterações. Alterar é estar segura, e eu, que mal pisava no chão, não podia editar minha vida sem afundar ainda mais a alma na lama.

O "seria" nunca "é". E eu eu precisava ser.

P.S: Seja ruim em todas as outras coisas. Seja terrível! Assim, vai ser mais fácil fazer o que você ama.

Quem confia é ela, não eu

Recentemente, recebi um e-mail que encheu meu coração de alegrias, dúvidas, ansiedades e realizações. Tudo ao mesmo tempo, sem demarcações de fronteiras ou pedidos de licença. A razão eu explico: eu sou uma pessoa boa (ótima, eu diria) em enfrentar meus medos superficiais e botar minha cara no mundo, sem pensar muito bem nos próximos passos das ideias mirabolantes que tenho a cada segundo.

Ano passado, depois de passar por um processo muito difícil para tratar a ansiedade, comecei a ir em todos os eventos com temas relacionados à mulher e escrita. Em um deles, eu disse que ia fazer um podcast em inglês para falar de mulher e mercado de trabalho em Nova York; em outro, me apresentei a uma escritora e disse que adoraria entrevistá-la.

Corta a cena. Meses depois, aqui estou, com um livro que recebi de uma mulher que confiou em mim, antes de eu mesma confiar.

Este podcast que quero lançar já tem episódio pronto, editado, mixado e fora do ar por falta de coragem. Toda vez que edito, acho minhas falas ruins, minhas perguntas bobas e meu inglês péssimo.

A autora do livro que recebi não sabe, mas já regravei (inúmeras vezes) minhas falas no piloto do podcast de gaveta. Ela não sabe que só mostrei esse podcast para uma pessoa. Ela não sabe que estou morrendo de medo de publicar não só ele, mas todos os outros projetos que guardo no fundo de um baú chamado "insegurança".

Eu me apoio e me impulsiono na força de mulheres incríveis e corajosas, das quais fiz questão de me cercar.

Queria dizer que estou realizando o sonho de receber um livro que vou ler para criar um podcast incrível. A verdade é que a encomenda chegou com orgulho e síndrome da impostora entranhados no papelão.

Até poderia usar a quarentena para me esconder ou protelar a entrevista, mas a internet... Ahhh, a internet! Essa não pega coronavírus e podcast dá para gravar sem sair de casa, né?

Poxa, internet! Nem "pra quebrar" mais essa!

Poxa, 2020! Nem para ser igual aos outros e me distrair com milhares de projetos que eu nunca vou colocar no ar.

Por hoje, é isso e não se engane! Já enrolei mais do que dava! Li tudo que não era o tal livro, joguei todos os jogos do videogame até ficar entediada, escrevi dois projetos que estou tentando produzir, usei a desculpa do *rebranding* e, por fim, vou precisar botar esse podcast no ar ainda essa semana, porque já falei por aí e estou falando por aqui. Agora não dá mais.

Eu não preciso me defender

Ouvir um feedback, deste livro inclusive, não é motivo mais para me esconder na caverna, com medo de levar um bronca. Não existe bronca na vida adulta. Existe você lutar pelo o que é certo, levantar a mão, perguntar, pedir para ser ouvida.

Eu não preciso mais me esconder para defender minha autoestima, porque essa não está mais presa na perspectiva do outro sobre mim.

A defesa é um mecanismo usado por bichos ameaçados, mas eu não estou mais ameaçada, estou em processo de evolução sempre, mas de algo formado, algo que é, que se adapta quando necessário, mas que não precisa de autorização para ser e por isso não pode nunca mais ser ameaçada.

A arrogância de escrever sobre a vida

Eu queria ser estrela no circo em que meu pai me levava quando criança: subir no palco, aparecer mais que o palhaço, ser comemorada.

Não sei de onde vem essa minha vontade de aparecer e sequer sei se posso justificar com a psicanálise. Seria ótimo não admitir que eu gosto mesmo de ser elogiada e colocar a culpa na minha mãe, que me amou do jeito capricorniano dela, ou até dizer que é consequência dos relacionamentos abusivos que vivi.

Freud, essa conta é sua, meu camarada. Eu, escritora que sou, preciso ser *blasé*, não gostar de aparecer, observar mais do que falar, olhar todo mundo meio de cima, vangloriando minha capacidade intelectual pretensiosa de quem gosta de (e até sabe um pouco) jogar com as palavras.

Escrever é brincar de ter controle do destino, ser meio dono de si, dos personagens, do fim da história, ter objetivos. Como é difícil assumir para si o que se quer. A culpa da condição de viver flutuando coloco na astrologia.

E nós, que escrevemos porque precisamos, mas nascemos e temos necessidades quase iguais às de todo mundo, somos admiradas com vergonha de viver com atributos tão destoantes. Aí, olhamos todo mundo de cima, mas não é por mal.

Acontece alguma coisa por dentro, quando a gente se veste da escritora que é, e fica difícil perceber a arrogância de ser.

Não é porque você nunca fez algo antes que não possa fazer agora

Muitas vezes, fico com medo de fazer alguma coisa só porque não fiz nada parecido antes.

Eu vivo no modo mil "maneiras de evitar coisas novas", que é o completo oposto do "mil coisas para fazer antes de morrer", tão valorizado pela nossa sociedade. Meu modo operante me protege de frustrações e traumas, mas também me impede de viver com inteireza.

Eu sempre escrevi. Sempre. Desde que me entendo por gente. Meu primeiro conto de ficção datilografado foi escrito aos 7 anos.

Quando o projeto *Love Notes to NYC* foi lançado, me interessei imediatamente. O projeto, uma conta de Instagram que vai virar livro, une recados de amor para a cidade durante a pandemia de 2020. Apoiei, porque achava a iniciativa muito legal para todo mundo, não para mim, jamais para mim. Não me via escrevendo sequer uma frase em inglês, ainda mais um recado para homenagear este vulcão em erupção que chamo de cidade. Fui convidada para participar do projeto e eu não escrevi uma frase, escrevi um poema inteiro, porque me senti empoderada pela confiança depositada em mim.

Claro que tive medo. Depois de passar décadas escrevendo só para mim, comecei a mostrar algumas criações – em português – a pouquíssimas pessoas e quase nunca publico os textos mais íntimos.

Mudei minha "bio" várias vezes no dia em que me identifiquei como escritora pela primeira vez, mas mudei.

Ontem, tive um poema – em inglês – publicado.

Eu cheguei aqui!

Acho importante pontuar isso, porque o "lá" parece muito longe.

Preciso urgentemente parar de ser essa pessoa

Não posso mais ter a pasta de textos não publicados mais cheia do que a pasta de textos publicados. Não pelos outros ou sequer por mim. Só preciso deixar de ser essa pessoa que se esconde em necessidades de garantias, carente de elogios. Talvez por mim, eu precise parar de ser essa pessoa. Preciso publicar tudo que tenho vontade, sem me importar com o que os outros vão dizer, porque os outros dizem sem medo e sem coragem de ser. É papel dos outros dizerem o que não são, é papel meu me descobrir nos medos, nos sussurros, nos desejos, nas invejas, nas revoltas.

Preciso me descolar do instinto infantil de querer me proteger de sentir. Não é dos haters que preciso me proteger, esses só enxergam defeitos, mas também não é dos que me amam, porque esses focam nas qualidades, mesmo que eu cometa as mais ingênuas falhas.

Preciso me publicar, mesmo sem prazo e contratos. Preciso parar de ignorar minha existência e libertar as vozes que gritam mais alto que o medo, a inércia e a rejeição.

Preciso ser publicada, autora Lari Rinaldi, ando meio em crise com Larissa, é um nome meio pomposo demais. Preciso me publicar e não ligar para o que os outros dizem. Preciso me publicar e ouvir quem já acredita em mim, grupo esse com a mais nova integrante, Lari(ssa?) Rinaldi.

Textos só têm imenso valor para autores, ou não. Já li muitos livros que me salvaram, mas ainda que fosse, quem há no mundo de ser mais importante do que eu tenho de ser para mim?

Preciso me proteger de quem? Os que me amam, me amam com as minhas falhas; os que odeiam, o fazem apesar das minhas qualidades.

Fato é que não posso mais viver sem sentir as dores das quais tento proteger "minha" pequena ser de mim.

Ninguém duvida de alguém confiante

Quem trabalha publicando conteúdo nas vorazes redes sociais precisa de apoio, principalmente no começo. É aí que a gente corre para quem está mais próximo, pessoas de quem gostamos e que respeitamos, os famosos amigos e familiares.

Acontece que essas pessoas nem sempre estão prontas para oferecer apoio e os motivos são inúmeros. Só que você, pequena(o) produtora(o) de conteúdo, fica desmotivada e triste, porque não vê seu trabalho dando resultados.

Levei 1,5 ano para começar a valorizar os resultados do meu, mas isso é papo para outro dia. Hoje, quero citar um post atribuído a Viola Davis:

– Irmã, não ligo que você receba zero curtidas. Continue promovendo o seu negócio. Eles estão vendo. Confie em mim!

Por mais que seja difícil continuar sem o apoio de quem você admira, é preciso seguir em frente. Mesmo nos dias em que não dá vontade de tirar o pijama, a inspiração não vem e a procrastinação afunda você no sofá, é preciso continuar.

Muito além dos números, o que cresce quando você promove o seu negócio é a sua confiança, e ninguém duvida de alguém confiante.

Eu cheguei aqui

Estou realizando um sonho e me sinto cada vez mais confiante.

Quero fazer um relato para quem está insegura em começar alguma coisa nova ou lançar um podcast. Quando cheguei em Nova York, passei por muitos processos de ansiedade. A única coisa que eu sabia era que finalmente queria trabalhar com conteúdo, mas não fazia ideia de como faria isso.

Criei um podcast em português, o *Tudo Sobre Coisa Nenhuma*, no fim de 2018, com uma amiga que era *co-host*. No começo da pandemia, ela precisou tomar novos rumos e eu fiquei sozinha tocando o projeto. Comecei a chamar mulheres que faziam parte do meu ciclo para entrevistá-las e agora já recebo convidadas que eu nunca vi na vida.

Em dezembro de 2019, pensei em fazer um podcast em inglês para criar portfólio. Hoje, gravei o terceiro episódio, entrevistando a autora de um livro que li recentemente. Ela era executiva da revista Elle. Imagina meu nervoso?

Nessa semana, eu também entrevistei – em português – algumas importantes mulheres brasileiras. As entrevistas em português me ajudam com as em inglês e vice-versa. Estou falando tudo isso porque eu me achava "o cocô do cavalo do bandido", e por mulheres tão fodas aceitarem serem entrevistadas por mim não me acho mais tão uma zero à esquerda. Estou realizando um sonho e me sinto cada vez mais confiante de que faço um bom trabalho.

Se você está se sentindo insegura, mostre o seu trabalho para pessoas fodas que vão te empurrar para frente. Eu tive e continuo tendo esse apoio e foi isso que me trouxe até aqui.

Como volta atrás?

Eu estava errada! Eu não queria me encontrar. Que ideia absurda essa de admitir que está perdida para querer se encontrar? De onde eu tirei isso?

Tipo, agora, em vez de terminar esse livro, eu só queria estar jogando videogame, procurando meu próximo destino de férias, dormindo no ar-condicionado, pedindo que a psiquiatra me deixasse voltar a tomar o remédio, chorando no colo da minha mulher, lendo meu *feed* do facebook, marcando de fazer a unha, xingando quem me devolve perguntas com perguntas, vendo *Big Bang Theory* (com *Friends* na outra tela), lendo um livro, tomando sorvete com calda direto da embalagem, esquecendo que recebi elogios, ignorando que eu nasci para isso.

– Ninguém nasce para isso! – escrevi outro dia.

Não posso ser contraditória, mas já sendo e mudando de ideia:

– Se não foi para isso, para que eu nasci?

Como sair da crise?

Como terminar o livro?

Como lançar no mundo?

Como conviver com as suas ideias morando em outras mentes?

Como contar à editora?

Como as outras escritoras fazem?

Como ganhar dinheiro?

Como voltar a procrastinar?

Na outra aba: ingressos para Universal Orlando.

É melhor desistir

Seria mais fácil desistir. Pensa comigo: já são três meses sem mexer ativamente. Só fiz reuniões, colhi opiniões e escrevi uns troços (como diriam os poetas).

Já está quase pronto, mas para que lançar?

Que agonia é colocar criação artística no mundo!

É mais fácil desistir. São só sete anos de trabalhos, que juntei em nove meses, enquanto despejava – e ainda despejo – as agonias de uma pandemia. Nada demais.

É mais fácil desistir

Ninguém precisa deste livro no mundo. Nem eu

Nem eu? Talvez eu precise

Mas eu não "importa"

É mais fácil desistir

Até *copyright* já tem

E daí? Por que não desistir?

Ninguém precisa de mais um livro no mundo

Exceto eu

Eu preciso

do meu livro no mundo.

Mas ainda dá para desistir?

Legenda relato – Instagram

Despir-me das máscaras que uso para esconder minhas inseguranças não é algo que eu faça todo dia.

Eu me sentia o pior dos seres e, com alguma ajuda, estou construindo um conteúdo de qualidade do qual me orgulho muito.

Fim de ciclo

Nem sempre eu fui a melhor pessoa, mas eu sempre tentei ser a melhor pessoa que podia. A vida não é fácil, nem sempre flui, e nossas decisões nem sempre são sensatas. Nos últimos dez anos, eu passei por várias provações e não estaria aqui, neste momento de amor com o universo, se não tivesse passado por vocês pelo meu caminho.

Não é que eu não tenha querido

Eu quis
Eu quis muito
Mas não consegui
A pressão era alta
Eu que coloquei
Quis ver o final, antes do tiro de saída
Agora eu posso
Agora eu cheguei
E talvez eu consiga mesmo
Ou só seja
O que é ainda mais sublime

Quão chique é ser sublime?

Só a palavra sublime já é sublime por si só. Sublime é tão chique que se fosse gente, seria Fernanda Young. Sublime em tatuagens, tiradas irônicas e autoconfiança.

Quão chique é ser mais do que parecer ser? Coisa de gente fina, que tem porque é, e não é porque tem. Tipo os moradores do Leblon, com suas estantes de livros lidos.

No começo da pandemia do Covid-19, sebos estavam vendendo livros por metro, só para aparecer na câmera da videochamada da firma de gente que quer parecer, mas não é.

Já ia esquecendo de falar de mim, que venho a ser o fio condutor deste livro. Só por coincidência. A gente não assinou acordo nenhum antes, eu e o livro, só aconteceu de ser assim. Ele existe porque eu sou eu, mesmo sem ser sublime.

Antigamente, quando eu não gostava de quem eu era, eu pensaria em ter metros de livro comprados, mas acho que não compraria, porque eu não gostava de gastar dinheiro, e quanto ia me custar parecer o que eu não era? Não que eu não tivesse nenhum livro para mostrar, mas é que autoajuda não pega bem, né? Bom mesmo é ler Ernest Hemingway, Charlotte Brontë e mais uns nomes que não vou saber agora, porque minha estante é contemporânea e ser contemporâneo não é sublime, a menos que você seja a Fernanda Young, que infelizmente não é mais contemporânea também.

O que eu quero dizer é que ser sublime não é coisa de barrense e eu sou barrense de Jacarepaguá, menos sublime ainda ou mais hipster, depende do ponto de vista. Clarice Falcão é do Leblon; Larissa Rinaldi, do Itanhangá. Rima, mas não dá liga, entende?

Antes de conviver bem com a minha falta de sublimidade – sim, essa palavra existe –, eu pensaria em comprar livros que não li, para parecer ser quem eu não era, impressionar pessoas que não abririam espaço para mim numa sala, mesmo que parecesse que eu li vários livros. Espaço é sobre ser, conquista quem é sublime.

Traços de mim no asfalto

Carioca da gema

É irônico pensar que minha história com o Rio começou a ser escrita depois que eu saí de lá. Não que os 24 anos que vivi na minha cidade natal tenham sido jogados no lixo. Trago em mim algo de carioca ainda.

Lembro da primeira vez que olhei para o Rio como o que é: uma cidade linda. Linda não, maravilhosa. O Rio é tudo que se vê nas fotos e muito mais. Eu não morava perto dos pontos turísticos e, ainda assim, via as maravilhas naturais da cidade todos os dias no caminho da escola.

Não raramente, permitia que a beleza da cidade invadisse meus sonhos acordados e me perdia na história que estava tentando criar. O Rio é isso: uma invasão sutil ao som de bossa nova, com sorriso no rosto e convite para o samba. Quando você percebe, a paixão tomou conta do seu corpo e fica tarde demais. Agora é lidar com o trânsito na lagoa, os políticos presos, o descaso com a segurança, o poder paralelo, a praia escaldante e a falta de oportunidades.

Nunca surfei

Bem que eu tentei. Uma vez. Comprei uma roupa térmica rosa para entrar no mar gelado da Barra da Tijuca. Então, fui com a minha mãe invadir a aula do meu namoradinho da época. Foi um desastre. Tive tanto medo de pagar um mico colossal que chorei e paguei um mico ainda maior.

O resto é história. O resto é aquela prancha em que eu nunca subi; as três vezes que quase morri afogada na praia; os anos em que me senti não carioca, porque acordava tarde e queria ficar no ar-condicionado...

O resto pode ser um capítulo de quando eu morava perto da praia e ficava na areia por horas tomando cerveja debaixo do guarda-sol conversando sobre música com meus amigos apoiados em suas blusas de banda.

A última a sair

Eu sou sempre a última a querer ir embora. Mesmo que a festa esteja chata e eu esteja dormindo em pé. Mas só quando gosto de quem está comigo, senão, vou ser a primeira a sair à francesa. E fazia isso no Rio, repetidamente. Sempre ia a festas com amigos e desaparecia pelas ruas escuras de Copacabana na madrugada quente. Irresponsabilidade de adolescente. Sorte de criança. Não, nunca me aconteceu nada.

Hoje, não demando mais tanto do meu anjo da guarda, afinal, dizem que eles são reservados aos bêbados, turistas e piscianos.

O Rio não é mais meu

Abandonado por muitos anos, o Rio voltou a ser visto pela política brasileira. Vantagem para a cidade, que recebe melhorias, e para os turistas. E o carioca? Esse não podia imaginar que melhorar a cidade pudesse mexer tanto no seu bolso. Em breve, os playboys da Zona Sul serão obrigados a pegar um ônibus para Zona Norte e visitar suas praias só aos finais de semana. Não que a Zona Norte seja ruim, mas a classe A da Zona Sul já não suporta os preços praticados em seus bairros, assim como a classe B da Zona Norte e daí em diante. As melhorias vieram com grande especulação imobiliária, padrão caro e quiosques que só recebem em dólar.

É verdade, o Rio sempre foi uma cidade turística, com belas praias e vista exuberante, mas amar o Rio tem um preço alto. Mais de uma vez classificada como a cidade mais cara das Américas, o Rio é cada vez menos do carioca. O surfista, que aplaude o pôr do sol no Arpoador e atravessa descalço o asfalto ainda quente para chegar em casa, já demonstra preocupações nunca antes notadas em seu semblante. A vida anda muito cara. Não só para ele, mas também para a garota de Ipanema, que agora só vai à praia nos dias de folga e amarga o preço cobrado pelo guarda-sol (absurdos R$7,00). Até quem paga em dólar se queixa do custo no Rio.

Não bastasse ser classificada como a cidade mais cara das Américas, o Rio de Janeiro – e principalmente os cariocas – também amargam a comparação assustadora entre o valor de um imóvel em casa e em Paris. Nada escapa à supervalorização carioca: do coco na praia à diária no hotel. Tudo que tem preço está caro.

Os belos sorrisos, que exalavam indiferença aos problemas pelas praias, botecos, restaurantes e boates, já estão amarelados. O carioca com um bom emprego e que tem uma renda considerada A, no Brasil, levaria pelo menos 30 anos para comprar um apartamento de dois quartos na Zona Sul.

Não que o carioca não goste de trabalhar, mas o horário careta não funciona para ele. O surfista precisa dar um mergulho antes de trocar a sunga pelo terno, enquanto a garota de Ipanema vai tomar café da manhã no Parque Lage com as amigas, antes de ir para o escritório.

No Rio é assim: valorizamos e criamos momentos agradáveis todos os dias.

Turista em casa

Sempre que eu chego ao Rio, tenho a certeza de que vou receber um abraço apertado, comer em um restaurante onde conheço todo o cardápio, sentar em qualquer lugar e ter uma vista de tirar o fôlego em 360 graus.

Ser turista na própria cidade é aproveitar, com o filtro da nostalgia, tudo que ela tem de melhor e não se preocupar tanto com os problemas que, afinal, não são mais seus. Visitar o Rio enquanto morava em São Paulo era chegar no Santos Dumont emocionada e levantar voo aos prantos. Por que mesmo eu resolvi me mudar?

– Ahhh, sim! O Rio não tinha lugar para mim.

Recalque é a palavra, né?

É claro que eu fico triste por me mudar. Quatro anos atrás, eu deixei o Rio, onde nasci e fui criada, para morar em São Paulo.

Na época, eu não pensava que estava abandonando minha vida. Só pensava que precisava ir, começar de novo e, mesmo assim, chorei por várias semanas. Nem sabia o motivo. Só sentia tristeza.

E, claro, agora estou triste de novo. Eu me mudo para Nova York em três semanas. De quatro anos para cá, minha vida mudou: casei, não me sinto mais tão sozinha e tenho mais consciência de quem sou e do que quero.

Ninguém, de verdade, quer deixar seu país, o lugar que chama de casa, o povo que fala a sua língua e o calor das relações que existem há anos.

Estou triste por mudar. Gostaria de ter as mesmas oportunidades aqui, onde nasci e domino a cultura. Longe de ser uma mudança por sobrevivência. Estamos indo atrás de crescimento na carreira, melhores salários, enfim, mais conforto.

Eu só vou poder trabalhar em alguns meses. Estamos confiantes de que tudo vai dar certo, mas fico triste quando lembro que, com sorte, vou ver os amigos de sempre uma vez por ano, em deixar minha mãe, e em pensar que não vou conviver com meu pai o quanto eu gostaria. Fico triste por saber que não é mais um voo de 50 minutos que me separa do Cristo e do calor de 40 graus na varanda de casa.

Não reconheço as ruas de São Paulo como acolhedoras e não existe culpa nisso. As ruas da capital paulista não têm a brisa do mar, uma casa de suco por esquina, um bafo enlouquecedor e o horizonte no fim da rua. É uma cidade diferente e sempre vai ser. Apesar de ter tido oportunidades incríveis aqui, sempre senti falta de usar a praia como referência para locomoção: para um lado é o centro, para o outro é a Barra. Simples assim.

Nova York vai ser pior. Nunca superei o recalque de ter deixado o Rio porque precisava, imagina o de deixar o Brasil? Vou encontrar americanos que provavelmente não vão gostar de mim e não vou ter amigos de longa data para tomar uma cerveja na esquina da Consolação.

Mudar de país é como entrar num *Big Brother*, sem data de saída e sem prêmio de 1 milhão de reais. É uma aposta. Você contra você mesmo tentando desbravar o mundo, buscando algo que não sabe o que é, mas que também não achou até agora.

Demando não gostar mais tanto de mim

Saudades de ter uma amiga para ir ao shopping, ver vitrines, falar besteiras, enfim, passear.

Faz seis anos que eu saí da minha cidade natal (ahhh, o Rio de Janeiro). Lá eu tinha companhia para fazer absolutamente tudo que quisesse. Nos últimos seis anos, me acostumei a não ter amigos em volta e viver mais sozinha. Pois acabo com essa era agora!

Demando gostar menos da minha própria companhia.

Carioca raiz

Depois de um ano morando em Nova York, foi um pouco incômodo conhecer e conversar, por mais de uma hora, com o que vou chamar aqui de "Carioca raiz". Não porque ele era malandro, bem longe disso. Ele era do tipo que foi criado na Zona Sul do Rio de Janeiro, que conta vantagem por causa do passado, exalta o dinheiro dos outros e, no fundo, se sente traído, porque o Rio não foi a "Cidade maravilhosa" para ele.

O choque de cultura, que só aconteceu porque eu saí do Rio há mais de cinco anos, veio no meio do nosso encontro. Carioca tem entranhada a cultura de valorizar o decadente e isso eu não suporto mais.

Carioca em SP

Viajo para São Paulo bienalmente, desde que me entendo por gente, e sempre admirei o posicionamento paulistano em relação à vida.

Eventualmente, descobri que minha questão não era exatamente com todos os cariocas nem tinha admiração exatamente por todos os paulistas. Fato é que eu amava chegar de carro na Avenida Paulista, ver as luzes, a ausência de praia, a calmaria dos feriados e a agitação da semana.

São Paulo é uma cidade grande como os sonhos de outrora, com a ambição de viver uma vida mais plena, longe do que me fazia mal, que não era a maresia, mas tinha cheiro de Ipanema.

Dois meses em SP

Há exatos dois meses, eu cheguei em São Paulo, com malas tão grandes quanto a vontade de me tornar independente. Já na rodoviária, a cidade me massacrou. Foi difícil. Perdi o ar. Fui engolida. São Paulo sufoca. Pressiona. Não voltar no mesmo ônibus que vim foi meu maior ato de coragem. Quis desistir todos os segundos de todos os dias das primeiras semanas. Persisti.

Passado o teste, a cidade ajuda. Empurra. Bate como quem diz:

— Vem! Duvido você me ganhar.

Aí, você se descobre capaz e surpreendentemente engole São Paulo de volta. Tudo é desafiador. Você é testado o tempo todo. E até quem era fraco fica "foRRRte".

Olhares menos atentos não percebem a beleza das ladeiras inundadas de cinza. Tem os que não gostam. Falam mal. Dizem que é feia. Não perto de mim. Eu acho linda, instigante.

Que venham mais mil porradas e que doam muito! Hoje, tenho certeza de que aguento cada uma delas.

Obrigada, São Paulo.

Três meses em SP

Aí, vem a vida e desestabiliza a vida. Ainda bem que existe "volta por cima". Três meses, muita dor, algumas conquistas e uma só certeza: eu vim para ganhar você e nada nem ninguém vai me impedir de fazer isso.

Estou mais forte e mais fraca, mais prática e mais sensível, com mais dúvidas e mais certezas. Cada porrada é só mais um empurrão. Vamos que vamos, São Paulo. Estamos juntos até a hora da despedida.

O livro e o atraso

Estava atrasada e sabia que, se o ônibus tivesse chegado no horário, estaria lá cinco minutos depois do combinado. Cinco minutos não é atraso. Mas o ônibus não chegou e ela estava ali parada, devorando o livro, com pena de voltar para casa sem companhia.

Sempre que lia crônicas, ficava assim: achando que podia escrever uma também, e bastava papel e caneta para que as palavras saíssem como poesia, conto, prosa. Pelo menos, era o que eu pensava.

O peso das duas bolsas que segurava incomodava, mas ela estava feliz naquela segunda-feira cinzenta... Era grata por fazer o que amava, mesmo em pé, esperando o ônibus. Observava atentamente em volta, esperava encontrar um conhecido, sempre esperava encontrar algum conhecido. Mania boba essa que escritor tem de achar que existe uma história em cada esquina.

Distraiu-se em sua brincadeira de escrever sobre tudo. Agora está cinco minutos atrasada, apoiando-se entre bolsas e ferros, cantando os trocados na carteira.

Muitos capítulos depois chegou a mensagem no celular, trazendo os pensamentos de volta à realidade:

– Juro que agora estou chegando!

Nem deu tempo de passar maquiagem. Pena que o livro acabou. Será que eu vou conseguir trabalhar?

Domingo sufoca

Domingo sufoca. Mesmo quando quer agradar, o domingo sufoca.

Não é exatamente culpa do domingo. Com o sol que entra pela janela vem junto a sombra da segunda-feira. De repente, você lembra das contas a pagar, do banho do cachorro e do show ao qual queria ir, mas os compromissos não vão deixar.

E o domingo vai sufocando.

O ócio não produtivo agoniza o corpo e massacra o coração. E apesar do resultado da loteria, do jogo de futebol, do estagiário novo, da filosofia de sábado, do recém-nascido, do prazo apertado, do carro velho, do recorde de trânsito, da poesia, do amargo, do concreto, do mar e do pôr do sol aplaudido, a segunda-feira vai ser igual a todas as outras.

Alguns fingem que o domingo não está lá. Vão ao parque, shopping, casa da mãe, casa da avó, casa de praia, chácara... As crianças caem da bicicleta, os cineastas filmam, os escritores escrevem e os bombeiros apagam incêndios. Há os que se apaixonam desesperadamente por 90 minutos; os que se apaixonam pelo dia inteiro e os que se desapaixonam, brigam, saem de casa.

Nos restaurantes, os grupos de amigos de sempre; nas filas dos cinemas, os casais que já não estão mais tão enfeitiçados quanto na semana passada; os adolescentes que dispensaram os pais na porta; os solitários com o livro; a solitária com o iPad três pessoas à frente; o casal que se conheceu ontem e emendou o programa; os pais que foram ver o filme pela terceira vez; e a família que foi esse mês porque sobrou um dinheirinho. As praças de alimentação abarrotadas, os bares repletos, os teatros lotados, os museus cheios.

A tarde cai com saudade dos que estão longe, a nostalgia das fotos, o livro novo e o sofá velho. A TV ligada. Tudo é igual. Domingo é sempre meio cinza para a alma, mesmo quando é azul para o corpo.

Sem título

Não é mais novidade
Já tem um ano
Passou muito rápido
Passou devagar
Foi imprescindível

Minha poesia não era sobre você

Em algum momento, você quis me desestabilizar
Me achava arrogante, pretensiosa
Eu te olhava de cima e você pagava meu jantar
Eu te ignorava e você ia me cortejar

E você deixou marcas, como queria
Nunca esqueci da relação abusiva que tivemos
As cicatrizes já não aparecem mais na superfície
mas eu nunca mais fui a mesma
Abaixei a cabeça
aguentei outros abusos calada
precisei reaprender a me defender
Eu baixei a guarda para você e foi difícil subir de novo
Mas foi bom para aprender que se eu preciso de guarda,
talvez a relação não seja boa para mim (Fica a dica, meninas!)
Foi bom para colocar neste livro

Mas nada meu era sobre você
Era sobre o que eu deixei mergulhar no meu sagrado
Você foi instrumento de pesca contra a corrente
A ponte que eu construí
com os escombros que busquei
no fundo do rio
Tudo de mim, por mim, para mim

Me perdoei nas lágrimas
no lucro da Heineken
no escuro do quarto
nos padrões reforçados
na recuperação solitária

Não é você, sou eu

Tudo em São Paulo era novo
Foi a primeira vez que senti o mundo
Escrevia para mim, sobre a inédita maneira de observar o conhecido

livre

do meu Rio
meu lugar
minha casa
minha mãe
minha visão viciada

Pronomes possessivos nascidos fora de mim
nas crises de abstinência
dos sintomas não diagnosticados.

São Paulo tem uma coisa que até hoje eu não sei explicar

Há dois anos, eu vim para Nova York. Fiz amigas aqui, estou construindo minhas raízes e estou feliz, mas lembro de São Paulo de tempos em tempos. Outro dia, vi no Facebook a foto de um amigo maquiador durante o *job*: a modelo *plus size* com cabelos laranjas usava um vestido meia-manga, num quintal de muro azul, e pensei:

– Isso é muito SP! E vim aqui escrever para entender exatamente o que é o tal "isso".

São Paulo tem uma liberdade que não lembro de ver no Rio e que muitas vezes falta em Nova York, não porque tem alguém "te julgando", é mais uma coisa física mesmo. Quando o clima é extremo, o externo limita.

Em São Paulo, fui muito livre e talvez essa liberdade esteja só na minha memória, ou talvez seja o "corre" dinâmico da cidade. No fim dos meus 4,5 anos morando lá, já estava cansada, achava que não tinha mais o que explorar na cidade. Iludida é a palavra, né?

São Paulo é um portal para o Brasil (todos eles). Acho que essa é a magia: ao mesmo tempo é meio inacabada, até em suas mansões identificadas pelos totens de bancos e redes de lanchonetes, tem desfecho em aberto, como essa crônica-poema.

Tudo que aprendi em Nova York

Talvez seja estranho que a parte do livro na qual escrevo sobre a cidade em que menos vivi seja a mais longa. Mas foi aqui, em Nova York, numa das maiores metrópoles do planeta, onde tudo – absolutamente *tudo* – acontece, bem aqui que eu me descobri como escritora, que me aceitei, que bati no peito e disse que isso é profissão – sim –, que contornei todas as ruminações da minha mente para terminar este livro e os outros milhões que já organizei em pastas com ideias só para eles. E, se foi aqui que criei minha confiança, nada mais justo que eu escreva mais sobre o lugar onde vivo, me encontro e me aceito como sou, me despindo das crenças que deixei no avião que me trouxe do Brasil pela primeira vez, rezando para não contaminar com dúvidas os passageiros a minha volta.

Nunca agradeço a Nova York por me desenvolver tanto. Acho que deixei um pouco da fantasia nas porradas pelas quais tanto agradeci em São Paulo. Agora chega! Agora é hora de brilhar!

O dia em que entrei no limbo

Duas semanas atrás, escrevi sobre as quatro fases da adaptação no exterior: sobrevivência, desilusão, limbo e foda-se o limbo. Nem sempre a gente tem claro quando começa uma e termina a outra, até porque a vida não é linear, pode ser que você as intercale em alguns momentos. Aliás, acho que é o que mais acontece.

Depois de escrever sobre as fases, lembrei exatamente do dia em que entrei no limbo. Tinha acabado de passar pela minha fase de sobrevivência e minha esposa estava viajando muito a trabalho. Eu estava completamente sozinha nessa selva de pedras e uma amiga, que morava em Londres, me chamou para passar uns dias lá com ela. Como eu já conhecia Londres, achei que seria uma boa ideia.

(– A gente era tão livre antes da pandemia, né?)

Aqui, nos Estados Unidos, tem um lance chamado *credit score:* quanto mais alto o seu, mais crédito você tem na praça e pode pedir empréstimo e ter celular de conta. Você conquista um bom *credit score* pagando em dia suas contas.

Eu tinha dois meses de Estados Unidos e, consequentemente, um celular pré-pago. Por aqui, "nome limpo" é algo que se conquista e isso interfere muito na cultura do país, mas esse é um papo para outro dia.

Fui para Londres sem internet no celular, anotei as direções da casa da minha amiga num papelzinho, o mês virou e eu não paguei o celular.

Voltei a Nova York sem telefone. Quando você mora fora há dois meses, você não pega uber. Voltei para casa de metrô, desci na estação mais perto possível e me perdi. Foi nesse dia que eu entrei no limbo, foi nesse dia que eu me senti insegura até para ir à esquina, foi depois desse dia que tudo tomou proporções muito maiores do que eu podia aguentar, porque não saber voltar para casa é parecido com se afogar, e ninguém entra no mar depois de se afogar.

A primeira vez que tive um primeiro encontro

Durante minha vida amorosa, não vivi a experiência do primeiro encontro, com exceção de uma ex-namorada que conheci no aplicativo.

Nunca me vi na frente do espelho procurando a roupa perfeita ou questionei mentalmente os assuntos que poderia ou não falar com determinada pessoa ao nos conhecermos.

Conheci muitas das minhas namoradas através de conhecidos, casei com uma amiga, e assim foi durante toda minha vida de solteira. Talvez por isso, nunca entendi bem o temor do primeiro encontro, que tanto via (e ainda vejo) em séries e filmes.

Hoje, tive um péssimo primeiro encontro e foi tão assustador quanto engraçado. Não era um encontro amoroso e sim profissional. Uma amiga do Brasil, sendo gentil e prestativa, – como costumamos ser no Brasil – me apresentou uma conhecida que mora aqui e trabalha na mesma área que eu. Vamos chamá-la de Joana.

Joana mora em Nova York há cinco anos. Foi super solícita no nosso primeiro contato via Instagram e marcou uma reunião para dois dias depois do mesmo. O lugar escolhido foi um restaurante onde (eu imaginei) poderíamos almoçar e ter uma conversa sobre o mercado de trabalho no hemisfério norte.

Cheguei e ela me perguntou sobre a minha trajetória. Naturalmente, contei que trabalho na mesma área há mais de dez anos, expliquei os projetos que costumava fazer no Brasil e mencionei os trabalhos internacionais que me deram alguma base para entender os processos em outros lugares. Nesse momento, Joana passou a me tratar como uma inimiga e comecei a questionar o sentido daquele encontro.

Eu estava sentada à mesa com uma pessoa que afirmou que conhecia todos os tipos de visto, inclusive "os do Canadá e da Austrália", mas não conhecia o meu, o que o tornava inferior ou passível de questionamentos, para dizer o mínimo. O ápice da conversa foi quando mostrei – no site do governo americano – o tipo de autorização de trabalho que tenho e ela insistiu em dizer que eu não necessariamente poderia trabalhar na nossa área.

A resistência dela me fez pensar sobre o que as pessoas esperam da gente. Será que falei alguma coisa que a ofendeu? Será que fui prática demais e ela estava esperando alguém mais tímida? Quando mudamos de país, precisamos criar uma personalidade menos agressiva para sermos melhores vistas pelos nossos conterrâneos? Será que esta brasileira específica foi mordida pelo bichinho da pretensão e esqueceu que um dia não teve experiência ou precisou de alguém para puxá-la?

Estou longe de ser uma pessoa enfática, mas também não costumo florear esse tipo de situação. Eu esperava um encontro do qual saísse entendendo um pouco sobre o audiovisual em Nova York e ouvi respostas vagas como "depende do tipo de trabalho"; "tenho certeza de que sim, mas alguns conceitos são estáticos, mesmo em uma indústria tão ampla quanto a nossa".

A reviravolta aconteceu quando expliquei detalhadamente o processo no Brasil para que ela me desse uma informação que eu poderia ter achado no Google. Eu me senti conversando com o muro.

O semblante dela mudou quando comentei sobre a resistência que sinto nos Estados Unidos, especialmente com estrangeiros. Algo dentro de Joana gritava, saltava aos olhos, e ela claramente não estava disposta a dividir suas angústias comigo. Me sensibilizei. Agradeci pelo seu tempo e saí repassando nossa conversa mentalmente, buscando, sem sucesso, os motivos de um encontro tão traumatizante para ambas.

Fui ao almoço buscando respostas e voltei com mais dúvidas, principalmente sobre a falta de empatia que nos faz desconsiderar o que há de humano no corpo à nossa frente. E fome, saí do restaurante com fome. Os 40 minutos que passamos frente a frente foram estranhos. Talvez, eu ainda viva muitos encontros ruins de trabalho, mas esse vai ser para sempre o meu primeiro.

Monstros em Nova York

Aqui estou eu, de novo, no fundo do poço.

E, dessa vez, eu nem posso culpar meu relacionamento amoroso. Essa é a única esfera da minha vida dando certo.

Eu fui confrontada tão diretamente com os monstros que por tanto tempo tentei esconder, que caí de uma vez e, sem perceber, estava deixando minhas unhas nas paredes.

O que é essa personalidade de efeito viciante que toma conta de mim?

Todos os dias
meu corpo tenta expulsar meus demônios
que resistem bravamente

Só tenho paz quando escrevo, acariciando o que me corrói

Era hora de não sentir mais

Comemorei meu aniversário de 19 anos em Londres, o mais longe possível de casa, como faço até hoje. Saí da minha adolescência com cicatrizes profundas e decidi que não fazia mais sentido enfrentar o mundo da mesma maneira, confrontando monstros. Decidi que estava na hora de não sentir mais.

– A partir de hoje, vou ser feliz e nunca mais sentir nenhuma dor. Vou cuidar de mim, não depender de ninguém, não me apegar e nunca mais sofrer.

Esqueci de levar em consideração – de novo ou pela primeira vez? – que cuidar de mim só era possível fazendo as cicatrizes antigas arderem.

Não sentir dor só é possível quando a gente trata a dor e o tratamento dói. Treinei meus monstros fechando cicatrizes profundas, enquanto ganhava cicatrizes superficiais. O que eu não entendia, aos 19 anos, é que para domar a tristeza, eu precisava encará-la de frente e fazer isso era me libertar das jaulas que construí para me proteger. Ser livre dói.

Não pertencer fode com a nossa cabeça

Pertencimento é um sentimento foda, né?

A gente busca isso desde sempre e para sempre (eu acho; eu busco).

Li outro dia – acho que foi no livro da Maria Ribeiro, que está na minha cabeceira – que somos um pouco de cada pessoa que está à nossa volta. Escrevendo assim, parece até tema de estudos meio lendários, sabe? Daquele tipo de que todo mundo já ouviu falar, mas ninguém sabe exatamente a fonte (atenção às "lendas" na hora de votar).

Procurei no Kindle e achei o trecho do livro. É sim da Maria Ribeiro a ideia que tento reformular, e que ela me ajude:

– Eu namorei o Rafael e fiquei um pouco Che Guevara, depois, fui namorar o Paulo e fiquei totalmente MR8...

Pedindo licença a Maria, só Maria, sem nome para compor, diferente dos irmãos. Maria, também fui camaleoa nos meus relacionamentos, e mais do que em relacionamentos, fui camaleoa (eu repito palavras, desculpa) nas cidades nas quais vivi.

No Rio, tinha amigos que juraram nunca ter me visto de calça, em São Paulo eu as usava o tempo todo, agora em Nova York ainda tento me adaptar.

Não gosto de calça, mas o texto não é sobre isso. É sobre este não pertencer que fode com a nossa cabeça.

Ouvi uma vez que a pessoa tímida acha que todos estão olhando para ela. Queria ter ouvido – ou aceitado? – isso 15 anos antes. Vivo como se alguém – ou todos os alguéns – esperasse(m) o cachorro-quente que como na frente do Central Park cair na minha camisa branca para me lambuzar inteira, ou que eu troque de lugar no metrô, levemente incomodada com algo imperceptível, para ser acusada de esnobe indecisa.

Ficou confuso, né? Vou tentar de novo: me sinto inadequada e acho que todas as atenções estão em mim, como o ator no feixe de luz do teatro, que esquece a fala, ou como quando chego sem roupa na escola, e viro chacota.

– Você já se sentiu assim, Maria?

Deu vontade de viver o que não vivi

Nem só de foto no espelho vive uma pessoa em Nova York. Ainda bem! Ontem conheci um dos lugares mais lindos a que já fui na cidade.

Deu vontade de voltar a estudar
de ter me esforçado mais

de babar no conhecimento de professores em sala de aula
de ter 19 anos de novo ("delsmelivre", mas quem me dera!)
de ter tido experiências diferentes, não deixando de ser eu mesma

O campus da *Columbia* tem um toque intimista em sua magnitude. O eco do salão da tradicional biblioteca acolhe. Nomes e monumentos de grandes mentes (desconhecidas a mim) convidam para embarque imediato na utopia do conhecimento infinito.

Me encantei não só pela arquitetura, me encantei com as palavras de Celia Xakriabá, Petra Costa, Eve Ensler, do Gabriel e do Glenn, que me devolveram a capacidade de ver cores num horizonte de nuvens negras.

No ato final, cantamos com Caetano, um suspiro verde em meio às chamas. Tudo isso de graça. 0800. Minha única meta era alimentar minha alma de esperança. #seguimos!

Ensaios de uma noite de domingo

Domingo, 1º de setembro de 2019. Um ano atrás, eu e a minha esposa entrávamos juntas em um avião com destino à maior mudança das nossas vidas, ou Nova York, para os que preferem a vida pragmática. Este não é um texto pragmático e tem pitadas de sorvete e amor, que para mim são quase a mesma coisa.

Voltando ao domingo: chegamos ao restaurante que escolhi para almoçar por volta das 16:00. Nos deparamos com uma plaquinha desagradável que avisava:

– Fechado para o público.

A placa ao lado pedia que os convidados do casamento usassem outra entrada do estabelecimento. Os noivos acertaram na escolha do lugar, nós que erramos em não ligar antes. Em Nova York, ainda existe essa cultura de fazer reserva nos lugares, por mais comum que o restaurante seja. Me lembra um pouco os anos 1990 no Brasil, mesmo sendo 2019.

Quem mora em Nova York já se acostumou a esbarrar na rua com pessoas gesticulando sozinhas, com fone nas orelhas. Eles falam muito ao celular – me lembra uma sala de produção –, muito mais do que a gente, que prefere digitar. Um áudio longo no WhatsApp é falta de educação no Brasil e o autor até pede desculpas depois, por texto, claro.

Marcela (esposa) e eu já começávamos a dar sinais de mau humor. As plaquinhas na frente do restaurante não ajudaram em nada, mas não eram nem de longe as culpadas das reações que nossos corpos manifestavam. A verdadeira causa era o grande espaço de tempo que nos separava da última refeição: um pão com manteiga, às 10:00 da manhã.

Pedimos um Uber para ir de casa ao restaurante e, no caminho, pensei na entrada mais rápida que pediria para acalmar minha barriga, que soltava barulhos desagradáveis. Precisei mudar, me adaptar, a tal placa *Closed for a private event* poderia ter acabado com meu dia. Caminhamos com fome para "matarmos o que estava nos matando", como diria a minha mãe.

Paramos no *Time Out*, uma espécie de praça de alimentação gourmetizada, um conceito bem diferente do que eu tinha em mente quando levei 20 minutos pesquisando no *Google Maps* uma opção agradável ao paladar, aos olhos e ao bolso.

Esperamos cerca de dez minutos para sermos atendidas no balcão de uma sanduicheria que tinha uns oito funcionários montando pratos e ninguém no caixa. Fizemos o pedido e procuramos por uma mesa do lado de fora da praça. Almoçar com música alta não é mais coisa nossa.

Em mãos, uma espécie de *pager* que vibra quando seu pedido fica pronto ou nosso passaporte para um fim de tarde melhor.

Eu também não gosto do bom gosto

Finalmente, entendi porque a Adriana Calcanhoto não gosta do bom gosto. Na última sexta-feira, fiquei irritada por um milésimo de segundo com o barulho e alegria que uma família de latinos coloridos trouxe ao metrô em que eu estava.

O caminho estava silencioso antes, mas bastou que os dois casais de primos, amigos ou irmãos entre crianças, adolescentes e jovens adultos entrassem, para que a vista ficasse barulhenta e colorida.

Que coisa estranha é essa de gostar do silêncio, da falta, dos limites, quando a vida de todos os dias é confusa, barulhenta e colorida. Queria silêncio justo em Nova York, onde tudo vibra, é correria e pressa.

Nova York é uma cidade de pessoas destemidas

Nova York é uma cidade de pessoas destemidas ou, pelo menos, de pessoas que fingem bem que o aluguel exorbitante não pesa em cada decisão tomada durante o dia de trabalho.

Nova York é uma cidade com grandes empresas, uma das menos empreendedoras dos Estados Unidos, e ainda assim, é aqui que tudo acontece. O Vale do Silício que me desculpe, mas se não fosse por Nova York, vocês nem teriam chegado aí.

Não falo isso como os saudosistas da nobreza da minha cidade natal. Nova York não vive de dinheiro velho, mas de ambições novas.

Nova York é uma cidade de conquistadores destemidos e, como eu, que tinha medo de tudo, ia me sentir pertencente? Nas escadas do MET, sem conquistar nada, vejo pessoas do mundo inteiro, com menos bens do que eu, sem medo de serem quem são, diferente de mim.

– Será, moça ruiva, que você também se sente inadequada?

Hoje, o One World não me assusta mais

É fácil sonhar com Nova York para morar ou passear, mas viver com o *One World* na janela da sala, gritando:

– Duvido você conseguir! –, é uma realidade mais espinhosa.

Quando cheguei aqui, andava amedrontada pelas ruas, não por ser uma cidade perigosa, mas por ser uma cidade imponente.

Se você nunca se sentiu pequeno na vida é porque nunca pisou em Nova York. Aqui, os arranha-céus intimidam. Você, minúscula na calçada, tentando acompanhar o ritmo apressado, olha para cima sem esperanças de alcançar o fim da imensidão de concreto numa cidade onde até o céu é grandioso. Mas o céu é papo para outro dia, porque hoje o *One World Trade Center* – com nome e sobrenome – não me assusta mais.

Nova York tem de tudo, menos explicação

Nova York é uma cidade única, com uma diversidade absurda de pessoas, culturas, lugares, estilos de vida e tudo que existe.

Tem um bordão que eu sempre falo quando estou com saudades de alguma coisa muito brasileira:

– Se não existe em Nova York, não existe em nenhum outro lugar do mundo!

Dito e feito. Por aqui se acha tudo. Antes de morar em Nova York, eu queria saber o porquê dessa cidade ser escolhida para ser cenário de tantas obras audiovisuais.

O que de tão especial existiria nos cantos das ruas aqui? E aí é que "tá"! Não existe resposta certa. O ar daqui tem algo que empurra, desafia e faz parecer que tudo é possível, mesmo que isso não seja verdade.

Eu ando por Nova York vendo cenários de filmes, quadras com pessoas jogando basquete, píeres com vista para a silhueta mais conhecida do mundo, parques verdes no verão, prédios altos, ruas cheias e casas vazias com suas cortinas apressadamente fechadas, por onde sempre se pode ver uma fresta do apartamento improvisado no porão de uma casa sem jardim.

Todo fim de verão

Todo fim de verão, eu penso que não aproveitei direito, como se fosse possível me agarrar ao tempo e espaço do verão, da foto do verão, do lago do verão, da água gelada do mar no verão. Me agarrar ao verão e ficar para sempre. Sem inverno – nenhum desconforto climático será tolerado – como se eu pudesse passar batida e voltar para o verão anterior, fixada na mesma idade, na mesma inocência, na mesma falta de compromisso. Sem fazer aniversário.

Não saber o que se quer para o futuro nunca é bonitinho. Você nem sabe escrever e já te perguntam o que você vai ser quando crescer. Comigo foi assim. Será que foi o medo de não ter resposta que me paralisou no um metro e cinquenta e quatro (e meio)? Nunca cresci muito, nunca tive resposta.

Não saber o que se quer da vida aos 33 anos é monstruoso, é julgamento, é culpa. Como se a vida tivesse acabado no último verão, quando ainda éramos jovens e bebíamos cerveja nas areias quentes da madrugada de Ipanema; como se não conhecer K-Pop fosse atestado de óbito; como se, depois dos 25, tudo tivesse que estar resolvido e estático. Sem inverno, verão e nada do que tem no meio.

No Brasil, especialmente no Rio, não tem nada no meio, nem inverno, para ser sincera. São 365 dias de verão I e II, com algumas horas frescas. Será que eu trouxe do Rio minha vontade de só viver no verão? Parece óbvio demais. Dizem que clichés existem porque funcionam. Um caixa de supermercado, no romance da Sheila Heti, diz que as mulheres sempre tornam suas vidas mais difíceis. Talvez, o óbvio funcione.

Manchetes ressaltam que "aos 50 e tantos anos, alguém entrou para faculdade", como se tivesse uma idade para fazer qualquer coisa. Saia da casa dos seus pais, vire adulto, trabalhe com o que quiser, estude quando puder. Não tem data limite para fazer nada. Virar adulto com o apoio dos pais é ótimo, mas nem todo mundo tem esse privilégio, por motivos que não posso começar a listar. Talvez a parecerista do livro – que disse que eu deveria escrever mais – achasse uma boa ideia que eu listasse todos os motivos que alguém tem para sair precocemente da casa dos pais, mas eu não acho. Eu ia me sentir meio criança, no verão I de 1998, enrolando na redação.

Se você tem o privilégio, aproveite. Sua juventude pode ser mais livre. Seguir os caminhos já traçados aumenta a autoconfiança, não tem nada errado em querer o que todo mundo quer, mas nada é garantia de nada, com exceção do verão que sempre garantiu a passagem de volta.

Desconexão NY-BR

Deitada em posição de meditação na aula online de yoga que faço às segundas e quintas-feiras, desde março de 2020, senti em mim o frio que costumava soprar nas minhas costas nas filmagens que produzia nas madrugadas em São Paulo. Minha professora, do outro lado da tela e da linha do Equador, se incomodava com o calor.

O outono de Nova York é exatamente igual ao inverno de São Paulo. Dias mais quentes, outros mais frios e a certeza de carregar camadas de roupas e guarda-chuva (nunca esqueça o guarda-chuva) para passar o dia fora.

Sinto que estou longe do Brasil quando as folhagens aqui começam a perder a cor e a moda daí começa perder pano. Mesmo com a diferença de uma hora de fuso, me sinto desconectada, me preparando para um inverno escuro como foram os últimos dois, enquanto vejo nas redes sociais vocês se preparando para dias insuportavelmente ensolarados.

Em 2020, está tudo pior com a pandemia, claro. Com a aproximação do inverno, Nova York se prepara para fechar alguns bairros de novo e a possibilidade de passar o fim do ano no Brasil parece cada vez mais distante.

Que Santa Cher me ajude a enfrentar – a gente fala enfrentar, porque é, de fato, uma luta resistir às temperaturas negativas dos dias curtos – o inverno que chega.

Turista em casa

Antes de me sentir em casa, eu andava pelas ruas tentando gravar cada detalhe, como os turistas ou como as pessoas tristes, que se agarram com todas as forças no único sopro de alívio, que pouco ilumina o fundo do poço de suas vidas.

Quando – finalmente – vou me sentir local?

Lembro de conhecer o Rio (carioca nenhum chama a própria cidade de Rio de Janeiro), onde nasci e de onde só saí às vésperas dos meus 25 anos, rumo à São Paulo, sem reivindicar a passagem de volta até hoje.

No Rio, eu conhecia os caminhos entre a minha casa e a do meu pai, da minha avó, da escola, do shopping onde fazia aulas de inglês, da casa de uma amiga da minha mãe em Copacabana, das minhas amigas que moravam na Tijuca e no Recreio, da minha faculdade e da faculdade dos meus amigos também, e de todos os meus trabalhos, mesmo que fossem em bairros não muito familiares.

Na infância, eu conhecia cada curva no sentido Barra do Alto da Boa Vista e sabia que naquela cidade eu era bem-vinda em quase todos os lugares. Também tinha na cabeça as coordenadas de todos os sinais de trânsito e o tempo que levava entre um destino e outro.

A experiência da cidade de carro e da cidade a pé é outra. Aqui, em Nova York, eu não ando muito de carro, apesar de já saber que existe uma linha expressa – tipo a marginal em São Paulo – que corta a cidade com vista para água – pelo East Side –, e que a ponte que fica perto da minha casa cai direto em Chinatown.

Passeando nos arredores do Central Park, no último final de semana, eu vi uns túneis pequenos para passagem de carro e fiquei pensando:

os carros podem atravessar o parque de leste a oeste? É por baixo da terra? De onde eles vêm e para onde vão?

Além disso, ainda não sei exatamente onde sou bem-vinda em Nova York, mas isso é assunto para outro dia. Hoje, quero dizer que moro aqui há dois anos e ainda não me sinto local. Será que esse dia vai chegar?

P.S: Sim, os carros podem atravessar o parque e não, eles não passam debaixo da terra. Descobri no *Google Maps*.

O encolhimento do imigrante

Parece contraditório falar sobre o encolhimento do imigrante quando ele chega em um novo país para expandir.

Nos quase quatro anos em que moro em Nova York, conheci muitas pessoas, especialmente mulheres e LGBTQ+, que vieram do Brasil para os Estados Unidos em busca de uma qualidade de vida melhor.

Cada um tem sua própria definição de "qualidade de vida", mas melhorar é um pouco sinônimo de mudar. Se não fosse assim, continuaria tudo igual e estava muito bom, mas não é o caso.

Eu não sei se a gente não pensa direito – eu não pensei e, sinceramente, não acho que tenha como mensurar o tamanho da mudança antes de, de fato, embarcar no avião e mudar.

A verdade é que novas oportunidades são almejadas com o filtro de quem pensa que conhece o futuro. É muito difícil prever os desafios de uma cidade nova, mesmo que você a conheça bem.

Quando me mudei para São Paulo, me senti engolida. Minha arrogância me deixou acreditar que SP era o quintal da minha casa. Mas a cidade é gigantesca e não caberia nos meus sonhos mais ousados. Eu acho que é assim em todo lugar.

Ninguém conhece todos os segredos de si, imagina dos lugares onde vive.

Sei de pessoas que trabalhavam online antes de chegar aqui e sentiram dificuldade na adaptação profissional, pessoas que vieram transferidas, filhos de americanos e "locais" que não acharam a mudança um passeio no parque.

A verdade é que "expandir", para a maioria dos imigrantes, é sobre ter mais acessos culturais, financeiros, profissionais e intelectuais. Só que essa expansão tem um custo alto – quase opressor.

Deixar a própria pátria significa ser confrontado, todos os dias, com desafios inimagináveis, vocabulários incompreensíveis, costumes que você não tem, comidas que você não acha... Mudar para outro país é imergir numa cultura que você só conhecia através das lentes do cinema ou da memória.

Todas essas facetas, em vez de expandirem as mentes de quem chega, retraem. É doloroso reaprender a viver depois de ter uma vida estabelecida.

(Re)aprender sacode sua base, autoconfiança, autoestima, a segurança que você tem em si. Assimilar uma nova cultura faz você questionar tudo que faz de você, você.

O encolhimento do imigrante chega para quase todos. Conheci pessoas, com as mais variadas certificações sociais, encolhendo. Eu os vi apagar. Eu me vi apagar.

Presenciei pessoas questionando valores estabelecidos e chacoalhando fundações cravadas. A palavra "expansão" vem acompanhada de muitos pormenores, que também podemos chamar de pedágios. E o preço que se paga para ter uma vida melhor é o tempo que se leva para limpar tudo em você que não é seu, se recuperar e, finalmente, expandir.

Vi tudo isso em menos de quatro anos. Durante esse tempo, eu me tornava uma imigrante externa e interna. Se você quiser fazer essa jornada para fugir de alguma coisa: *be my guest*. Não posso dizer que não fiz o mesmo.

Mas saiba que mudar de país é como mergulhar em uma imagem.

Poema para Nova York

O poema foi escrito especialmente para o projeto *Love Notes to NYC*, a convite das criadoras e curadoras do mesmo. O poema original foi escrito em inglês, seguindo a proposta do projeto. Se puder, leia na língua original.

NY, I was not ready for you
I think no one is really ready for you
You are an intimidating concrete jungle
And before you come into our lives, we are helpless babies

Nobody comes to NYC; it is NYC that comes into our lives
It invades our bodies with dazzling lights of opportunities

We

paralyze

Wait

Breath

I should have never left home
We are grown-ups
on the outside only
Inside, we feel tiny,
looking up with a pacifier in the mouth
dizzy with the rush of your streets

But you got tiny, NYC
Your buildings are still here, looking upon us
But you, you got small
Waiting for an answer
You, who knows it all, were waiting for us
to take care of your empty streets

How did it feel, NYC, to feel small for a short time?

New Yorkers took care of you,
We've struggled to make you proud again
And so you are

Proud of us
Proud of your people from all over the world
Proud that you taught us well

You are standing up to be a giant again
Above all, you are proud because you always knew
That your greatness is on us
And we didn't let you down
That's how we say: we heart you, NYC

A versão abaixo foi traduzida por mim. Você pode ver o poema decla-
mado nas duas línguas, em uma montagem no meu Instagram.

Nova York, eu não estava pronta para você
Eu acho que ninguém realmente está pronto para você

Você é uma selva de pedras intimidadora
e antes você entrar nas nossas vidas
somos apenas bebês desamparados

Ninguém vem para Nova York,
é Nova York que entra em nossas vidas
Invade nossos corpos com oportunidades que confundem e ofuscam

A gente

paralisa

espera

respira

Aqui, nós parecemos gente grande
mas nos sentimos minúsculos
admirando o horizonte entre os topos dos prédios, chupando os dedos
completamente tontos com a pressa de suas ruas

Mas você, Nova York, você ficou pequena
Seus prédios ainda nos olham de cima
imponentes
Mas você ficou pequena
esperando por uma resposta

Você, que tudo sabe, esperou por nós
para tomar conta de suas ruas vazias

Como foi se sentir pequena?

Larissa Rinaldi

Nova Yorkinos tomaram conta de você
A gente lutou para que você se orgulhasse de novo
e conseguimos

Você está orgulhosa de nós
Orgulhosa do seu povo cosmopolita
Orgulhosa por termos aprendido com você

E você se levanta aos poucos

Gigante

Nós, a razão da sua imponência
não a decepcionamos

E é assim que dizemos:
– Nós te amamos, Nova York!

O fim e o começo

Textos pós-pandêmicos

Solidão minha, solidão sua

Há quase um ano, estamos vivendo isolados, sem abraçar amigos, beijando de longe, mandando coração pela tela, dez meses...

Confesso que em março, quando tudo isso começou, achei que finalmente meus amigos do Brasil teriam tempo para falar comigo e que isso seria uma coisa boa, já que eu sentia muita falta das conversas profundas, em noites suadas, sem hora para acabar.

Dez meses depois, posso afirmar com todas as letras que não teve nada de bom nessa pandemia. Desenvolvi meu profissional, é verdade, mas nada compensa, nem de longe, as mortes e a falta de liberdade.

Em março, eu tinha a ilusão de que tudo acabaria rápido, no meio do ano eu veria meus amigos em alguma praia, e em dezembro eu pegaria um voo para o Brasil, como tinha planejado.

Hoje, a vacina está aí, mas tenho menos vontade de fazer planos, porque, né? Se tem algo que 2020 nos ensinou é que esse negócio de planejar nem sempre dá certo, mas faz muita falta.

Tudo o que se soube

Enquanto esperávamos hospitais ficarem menos lotados, cientistas trazerem a vacina ou um tratamento eficiente, a gente ficou em casa, sem contato com outras pessoas, sem se aglomerar, sem trabalhar, sem ir ao cinema, museu, bar, às festas, sem viajar. Respirando por aparelhos, no sentido figurado, enquanto milhões precisavam dos respiradores em sentido literal.

Nos últimos nove meses, fizemos o que dava para não enlouquecer lidando com o tal novo normal. Teve gente que "cagou" e a gente ficou com raiva e ainda fica. Eu fico.

Em 2020, eu tive muito, mas muito tempo para olhar para dentro e entender quem eu sou no meio de tantas revoluções internas e externas. Aprendi a definir prioridades, a traçar objetivos – quase sempre claros – e, o mais importante, aprendi confiar em mim. Entendi – finalmente – que está tudo bem errar e continuar tentando, mudar a estratégia, pedir ajuda, compartilhar momentos não tão bons, parecer vulnerável, escrever sobre isso e publicar.

A viagem que fiz para dentro de mim foi a mais louca e transformadora do que qualquer outra que pudesse ter feito. Isso foi tudo que eu soube sobre 2020.

Nova York nunca mais será a mesma. Será?

O último ano foi terrível para o mundo todo. Vimos Nova York ser o epicentro da pandemia em março de 2020 e, desde então, tivemos que nos acostumar com uma cidade que era tudo, menos Nova York como conhecíamos.

O verão foi vazio, o *Halloween* foi vazio, o Natal foi vazio e até a *Times Square* se esvaziou. Nas ruas, o som ainda mais ensurdecedor das sirenes e dos gritos abafados que pediam justiça. Não foi só a cidade que se esvaziou, nós, moradores, também nos esvaziamos de esperanças todas as vezes que vimos nossos restaurantes favoritos fecharem.

Por meses, vivemos num buraco negro, mas a vacina chegou e as coisas começaram a mudar. Não foi assim, do dia para a noite, mas começaram a mudar. Com a chegada da primavera, depois de um inverno que – parece – ter levado um ano para acabar, e com o avanço da vacinação, já vejo mais vida nas ruas.

Nova York, aos poucos, volta a ser a mesma.

Tudo, menos morta

Como canta Madonna, "I don't like cities, but I like New York", e eu entendo os pontos dela. Eu sou cria de cidade grande, nunca na vida apreciei a vida simples, a natureza, o limão colhido da árvore no sítio de veraneio do meu avô.

Confesso que, quanto mais urbana eu fiquei, mais dei valor aos momentos em contato com a natureza. É fácil ser uma menina da cidade, quando você mora no Rio de Janeiro, né? Em São Paulo, a história foi outra e, em Nova York, minha relação com a natureza mudou mais ainda.

A natureza é diferente, os pássaros são diferentes, a vegetação é diferente, as estações marcadas do ano mudam a paisagem da cidade a cada três meses, e ter uma relação com a natureza aqui significa ter uma relação diferente com o seu guarda-roupa.

Escrevi tudo isso para dizer que muito se falou sobre a morte de Nova York durante o êxodo que aconteceu no período de pandemia, mas se um dia vimos uma cidade vazia, triste e sem vida, essa cidade ficou no passado junto com as folhas caídas do último outono e as árvores mortas do inverno. Hoje, o que se vê é a cidade que fez Madonna se tornar a Madonna.

Frenética, cheia, dinâmica, barulhenta, corrida, com seus executivos de terno que voltam timidamente às ruas, seus aluguéis exorbitantes, o cheiro forte de diferentes culturas que corre por toda a cidade, os sotaques e a vontade incontrolável de brilhar no meio de tudo isso.

Nova York não morreu, porque continua sendo o maior berço da diversidade do mundo e diversidade traz criatividade e inovação. Aqui estamos, New Yorkers, sem colocar limites em sonhos, prontos para ganhar o mundo de novo.

As pegadinhas da primavera

Está calor! É mentira! Toda estação de transição – primavera e outono – é a mesma coisa. Faz 20 graus num dia e zero dois dias depois. Colocar as roupas térmicas para hibernar no baú da cama é um ato de:

– Basta! Inverno aqui não entra mais!

Mas ele até entra e a gente passa frio. Os Nova Yorkinos não estão nem aí para quando faz 0 grau, porque passam por 20 graus negativos e pôr do sol às 16:00 da tarde.

As ruas estão cheias de novo; a vacinação está avançando; as flores estão nascendo; os músicos de jazz estão nos parques; os restaurantes, com 50% de lotação, estão cheios e com fila – de máscara – na porta. A vida está voltando à cidade que ficou tanto tempo no silêncio da solidão.

– Vem, verão! Nova York está pronta para lhe usar!

36 milhões de pessoas

Outro dia, eu li que a cidade de Nova York está investindo 30 milhões de dólares em campanhas para trazer os turistas de volta e que espera, só em 2021, receber mais de 36 milhões de pessoas. Trinta e seis milhões de pessoas! Eu juro que não tinha noção do tamanho do turismo em Nova York até me deparar com esse número. Em 2019, a cidade recebeu mais de 66 milhões de turistas. Você tem noção disso? Nem eu!

Só em 2021, mais de 36 milhões de sonhos, esperanças, angústias, medos, alegrias, pais, mães, filhos, esposas, irmãos, primos, namorados, solteiros, jovens e velhos são esperados na cidade de Nova York.

Só em 2021, vão passar por essas ruas mais gente do que a população de países inteiros.

Muita gente disse que Nova York morreu na pandemia, mas se morreu, ressurge das cinzas como fênix, poderosa, pronta para impressionar os 36 milhões de corações que vão parar por um milésimo de segundo com a grandeza dos nossos prédios.

Que os turistas sejam bem-vindos e que a gente possa recebê-los em segurança.

P.S: Como aqui a gente trabalha com dados, está aí o link da reportagem da ABC com os números citados nesta crônica.

Disponível em: https://abc7ny.com/covid-vaccine-nyc-tourism-new-york-city-reawakens--mayor-de-blasio/10534680

Está liberado, está tudo liberado!

Prontas ou não, as máscaras vão cair. Seguindo as recomendações do Centro de Controle e Prevenção de Doenças, o governador de Nova York liberou o uso de máscaras para pessoas vacinadas, com poucas exceções. Depois de um ano tão difícil – e dentro de casa – finalmente os Nova Yorkinos vão poder aproveitar esse verão com ares de normalidade.

Não sei se tem pouca gente vacinada ou se, assim como eu, muitos ainda se sentem estranhos de cara livre, mas o que eu vejo nas ruas é uma certa resistência em tirar a máscara. No último domingo, a esposa e eu andamos uns dez minutos na rua sem máscara. Foi um pouco estranho controlar minhas caretas, pela primeira vez em 14 meses, mas foi confortável andar livremente sentindo o ar da primavera entrando pelas narinas ansiosas e descobertas.

Em março de 2020, confiamos na ciência e ficamos em casa, mesmo sem saber muito sobre o vírus. É hora de confiar de novo, mesmo com uma vacina tão nova.

Sendo estranho ou não andar sem máscara, está liberado!

Fonte: The New York Times.

Disponível em: www.nytimes.com/2021/05/17/world/new-york-masks-cdc-vaccine.html

Sua imagem de futuro

Nesta vida de mudar de país e ser imigrante, estou mais uma vez buscando me estabelecer profissionalmente. Na última semana, recebi a notícia que estava esperando há um ano: estou apta a trabalhar de novo nos Estados Unidos.

Esse foi o fim de uma jornada que começou no meio de uma pandemia mundial, que dividi com muitos imigrantes. Durante o ano em que meu processo estava sendo avaliado, eu estava me avaliando, me preparando para o momento em que poderia ser dona do meu nariz de novo.

Mas esqueci que o fim e o começo estão sempre conectados.

Durante os anos de pandemia, olhei para dentro, estudei, escrevi um livro, criei portfólio, produzi dois podcasts, fiz tudo ao meu alcance para desenvolver habilidades profissionais e, claro, não enlouquecer.

Não foi fácil, mas eu fiz. E todos esses movimentos me fortaleceram para iniciar uma outra jornada. Durante o percurso, aprendi como transitar num mundo novo.

Olho para os meus amigos em volta e vejo as escolhas que não fiz. Tento silenciar minha ansiedade racionalizando que dois dias não são o suficiente para alcançar resultados, nem dois meses.

Acalmo minha criança rancorosa e busco desenvolver um olhar de aprendiz:

Como posso me mover a partir de agora? Ainda não tenho a resposta.

Teimo em caminhos não óbvios, batendo em portas fechadas, mas isso é a vida, não é? Abrir espaço para sua alegoria passar. Ser condutora e destaque do seu carro alegórico. Projetar em si sua imagem do futuro.

Como a gente deveria ser?

Quando uma pessoa descobre que virou adulta? Talvez eu esteja um pouco velha para esse tipo de pergunta, mas é estranho, não é? Se ver como um ser humano 100% funcional. Sem precisar dos seus pais para nada.

Eu sou totalmente reponsável por absolutamente tudo que eu faço no mundo (e você também). Eu não quero criar pânico, mas estou panicando um pouco.

Eu tenho uma amiga que usa o mesmo tênis *Converse-Chuck Taylor-All Star* desde que a gente tem 15 anos. Quando o tênis dela fica velho, ela compra um novo exatamente igual ao último. Até a *Converse-Chuck Taylor-All Star* passou por uma reformulação de marca e agora usa 500 nomes para o tênis (mais batido do mundo) que, na minha época, só se chamava All-Star. Minha amiga está há 17 anos sem reformular o gosto dela para tênis. Eu acho isso a coisa mais adulta que alguém pode fazer.

Eu não tenho um tênis favorito até hoje. Eu tive fases, mas mudei tanto que nem me lembro porque gostava de All-Star na adolescência. Eu sei que adolescentes estão descobrindo o mundo, testando tudo o mais rápido possível para decidir as coisas que vão ficar para o resto da vida.

Às vezes, me sinto meio adolescente descobrindo todo um mundo novo quando preciso comprar tênis, roupa ou qualquer coisa, na verdade. Eu não tenho nada favorito. Talvez eu tenha uma cor favorita, mas é isso! Não tenho tênis, bolsas, revistas, restaurantes ou lugares favoritos. Minha coisa favorita de fazer é mudar de ideia.

Eu acho que ter me mudado tanto não me ajudou a estabelecer coisas favoritas. Eu tive que me adaptar e cada cidade tem suas próprias demandas. Como alguém tem um sapato favorito morando em Nova York (com temperaturas que variam entre -20° e +40° em 12 meses)? Tem quem use bota *Timberland* o ano todo, mas eu sou mais do tipo *Sex*

And The City. Só que é impossível ser SATC morando em Nova York. Na vida real, a gente anda quilômetros por dia e usa o metrô.

Esse ano, eu li um livro da Sheila Heti cujo título traduzido é algo assim: *Como uma pessoa deve ser*. Claro que a autora não tem uma resposta para essa pergunta. Ninguém tem. A gente segue padrões e regras com a esperança de pertencer à sociedade, às nossas comunidades e às nossas próprias casas.

Tem gente que não segue as regras. Tem quem escolha as regras que vai seguir e quem use as regras, mas não as siga. Regras tem suas próprias variáveis. Cansativo, né?

Eu acho que regras são uma maneira prática de descobrir como alguém deveria ser. Aprenda as regras. Se você não sabe o que fazer da sua vida, vá à escola, faça faculdade, vá trabalhar. São regras justas. Você pode tentar entender quem você é enquanto faz tudo isso. Talvez você encontre bons professores e mentores no caminho e *voilà*! Você descobriu quem você é! Talvez você não tenha tanta sorte e tudo bem também.

É normal que a gente se perca, que a gente nunca tenha um modelo de tênis favorito, que a gente sinta raiva ou se sinta sozinha. Às vezes, a gente só precisa aceitar que mudar é a única coisa que fica.

O mundo é um lugar cheio de condutas, mas como você deveria ser nesse mundo é uma regra que só você pode definir. Essa é uma tarefa especialmente difícil, porque a gente passa a vida tentando satisfazer as expectativas dos nossos pais, amigos, da sociedade, das indústrias e as nossas próprias, claro.

Para não terminar esse texto sem deixar nada, vou dividir um segredo, que talvez seja a única coisa que eu saiba sobre como uma pessoa deveria ser: a gente não é uma coisa só. Somos uma combinação de DNA, história, conhecimento e desejos; somos moldados diariamente por publicidade, notícias, trabalho e amigos. Nós somos a soma de tudo que vivemos diariamente e a subtração de tudo que a gente não é.

O fator humano

Aí, eu aprendi a me amar, me dei permissão para escrever, sentei a bunda e escrevi, certo?

Errado! Entre a minha paixão e os meus objetivos existe um fator sobre o qual não tenho muito controle: eu mesma.

Desenvolvi a minha escrita e a autoconfiança para mostrar meu trabalho, mas não existe um guia definitivo de como ser uma escritora de sucesso (vários tentam, nenhum é definitivo), é difícil encontrar mentores (eu, por exemplo, leio), e não tem um caminho pronto. Cada escritor faz seu próprio caminho.

Não tem uma regra. Existem várias possibilidades e combinações de fatores.

– E, caceta! Eu amo regras! Eu amo saber o que esperar. Eu amo certezas. Eu gosto de ver e tocar nas coisas que eu faço.

Por isso, eu trabalhei produzindo cinema por tanto tempo. Eu conseguia ver os filmes que eu fazia e falar sobre eles com os meus colegas de profissão. Conseguia tocar no valor atribuído ao meu trabalho comprando coisas, mas ser escritora é um pouco diferente.

Ser escritora é lidar com a rejeição milhares de vezes, antes de ter um trabalho publicado, e a primeira a rejeitar meu trabalho sou eu mesma. Primeiro, eu acho as minhas ideias meio bobas. Aí, eu trabalho muito, mas nunca acho o projeto bom o suficiente para ser publicado.

Depois de alguns meses (ou anos) trabalhando, me convenço de que está na hora de tentar vender, mas nunca alcancei o milagre da publicação. É difícil para todo mundo, e cada um lida com a frustração de uma maneira diferente.

Estou chegando no ponto que quero fazer, o fator 100% imensurável que guia todos nós, o fator humano. Antes de conquistar qualquer coisa, a gente precisa lidar com as nossas inseguranças, síndrome do impostor, experiências passadas, cultura e outros aspectos sociais e psicológicos únicos.

Eu sei como as coisas funcionam. Sei quando estou procrastinando; quando não estou disposta a tentar vender meu trabalho porque estou meio deprimida; quando fico menos produtiva em certos momentos do meu ciclo menstrual; conheço o método Pomodoro; faço terapia, exercícios, meditação, leio e escrevo todos os dias.

De vez em quando, eu tento vender meu trabalho e a rejeição não me mata, mas saber como as coisas funcionam não muda como eu, ser único e cheio de emoções confusas, me sinto depois de cada "não".

Saber as regras não muda o fato de sentir tudo de novo quando decido recomeçar, porque não ter o resultado que eu esperava me faz questionar o processo todas as vezes. A questão é que não tem nada mais que eu queira fazer da minha vida, então, eu me convenço de que estou aprendendo e sigo o baile.

Eu já senti pena de mim e pensei:

– Oh, universo, por que eu não nasci "normal"?

Por que escrever? Que maldição, para uma pessoa tão pequena, a maldição das milhares de ideias. Oh, deusa, por quê?"

Não entro mais nesse ciclo. Não, porque entendo o que me leva a conduzir minha escrita à minha maneira, apesar de todos os conselhos.

Saber a "fórmula do sucesso" não transforma a pessoa que tem que sentar e executar a fórmula. Eu entendi que não é sobre a fórmula, é sobre como eu consigo lidar com os meus instintos de proteção para colocar meu trabalho no mundo.

A ansiedade, o medo e a vergonha não vão embora, mas não vão mais me paralisar, porque agora eu entendo como esses sentimentos funcionam no meu processo de criação. É diferente!

É confuso, é a mente humana, aquele 100% emoção, mas deu para entender, né?

Quebrando padrões

Eu passei a vida toda me rebelando. Ninguém gosta dos rebeldes e, para ser sincera, às vezes, até eu me canso da rebeldia, mas hoje, eu entendo que a minha rebeldia tinha uma função quase vital. Era um misto de personalidade com instinto de sobrevivência. Eu cresci num lar desestruturado, com pouco ou nenhum espaço para ser criança.

Talvez por isso, durante boa parte da infância, eu tenha me preocupado em apreender os padrões que causavam sofrimento na minha casa. Como se estivesse esculpindo uma biblioteca de sentimentos, reações, formas e pensamentos. Construindo um arquivo para olhar de fora. Um espaço mental a ser consultado antes de ser a causa dos meus próprios sofrimentos.

Mas viver acontece nos eventos que não estão na agenda. Viver acontece quando a gente se distrai tentando aliviar o peso das obrigações. Eu achei que bastasse repudiar padrões para ser diferente. Na inocência, achei que bastava negar para não absorver, mas ser diferente não é repudiar.

Meus pais foram as pessoas mais importantes da minha vida até bem pouco tempo. Não concordar com o que eles faziam não significa não absorver padrões. Padrões de comportamento ficam registrados como tatuagens no corpo. Uma vez que um comportamento (físico ou mental) se estabelece, é muito difícil se readaptar. Talvez seja algum tipo de instinto de proteção. Talvez seja difícil mudar, porque – ao contrário do que a inocência do faz de conta acredita – crescer envolve dor. Crescer envolve tirar o *band-aid* encharcado e fechar os pontos sozinha em uma ilha deserta.

Conquistar uma vida diferente no futuro é uma escolha que precisa ser feita no presente, um processo normalmente doloroso. Não querer repetir os padrões que conheci na infância não é suficiente. É preciso entender como cada um se instalou no meu sistema. É preciso observar, conversar, analisar, refletir e mudar.

O que eu tô tentando dizer é: ou eu me proponho a lutar hoje, ou eu vou ter uma vida exatamente igual a das pessoas que não admiro, mesmo que aparentemente eu tenha feito escolhas diferentes.

A fase da negação

A pior coisa sobre adaptação no exterior é... se adaptar! Eu não sei você, mas eu não gosto de mudanças. Eu gosto das coisas estáticas, como se elas não tivessem mudando o tempo todo. Talvez por isso, eu não queira ter filhos. Crianças mudam, elas crescem. Elas não ficam paradas numa idade. Elas estão em constante movimento passando por fases. Tudo é uma fase quando você é criança. Tem a fase dos "porquês", a alfabetização, a fase em que os dentes crescem e a em que os dentes caem.

Talvez, querer ficar parada numa fase seja uma coisa meio infantil, como se você tivesse amado tanto a fase anterior que queria ficar agarrada nela, mas você não pode. Você precisa seguir em frente, porque não vai ter 6 anos para sempre. Acho que é essa a fase pela qual estou passando agora, eu quero ter 6 anos para sempre. Não literalmente, mas figurativamente. Para se adaptar a uma nova cultura, você precisa entender suas limitações e ser paciente. Crianças não conseguem fazer nenhuma das duas coisas.

Cheguei em Nova York aos 29 anos. A fase do Retorno de Saturno, de acertar as contas com a realidade. Eu não gostava muito de lidar com a realidade, não porque eu sou escritora, eu acho que é ao contrário, na verdade. As astrólogas dizem que é nesse momento que você aprende sobre suas limitações. Eu encontrei milhares delas nos últimos anos. Não foi difícil encontrar limitações há quilômetros da minha zona de conforto, enquanto tentava me adaptar. Fiquei três anos na negação, como uma menina teimosa.

Quando eu era criança, tudo que eu queria era ser adulta e livre. Eu só não sabia que liberdade é uma outra palavra para responsabilidade. Não existe uma sem a outra. Ser livre exige compromissos e sacrifícios. A liberdade tira tudo de você, balança seus pilares e gira seu mundo de cabeça para baixo.

E não se engane. Não faço ideia de como vai ser sua vida depois que ela virar de ponta-cabeça. Talvez você devesse aprender yoga. As pessoas dizem que a vida não é linear, que é um tipo de espiral.

O que raios isso quer dizer? Que eu vou voltar para o Retorno de Saturno? Eu não gosto nem um pouco dessa ideia. Eu queria que passar de fase na vida fosse como uma formatura – que chegasse com um diploma para provar que você está pronta para a próxima fase.

Mas a vida não tem garantias e passar de fases não tem documento assinado com firma reconhecida.

Eu queria ter garantias, mas por enquanto, vou só ser muito adulta e aceitar o fato de que eu não faço ideia do que vai acontecer na minha próxima fase. Talvez, eu volte a escrever ficção. Eu sinto falta de um romance. Deve ser por isso que as pessoas têm filhos. Livros sobre criar crianças sempre dizem qual é a próxima fase.

Falando duas línguas

Eu não sei como a cabeça de não escritores funciona; eu não sei como a cabeça de outros escritores funciona; eu mal sei como a minha cabeça funciona. E saber como o nosso cérebro funciona é o objetivo, né? Fazer a mente trabalhar para o nosso sucesso. Talvez, se eu tivesse mais controle da minha mente, eu fosse mais bem-sucedida.

Mas aí, a gente pode discutir o que é exatamente sucesso, e eu não queria falar sobre sucesso hoje. Como você pode testemunhar, aqui estou eu perdendo o controle dos meus pensamentos. De novo.

Mesmo sabendo coisas tão práticas sobre a minha mente, tem alguns fatos que me fascinam, como ser bilíngue, por exemplo. Falar duas línguas é quase um instinto incontrolável de precisar escrever em inglês ou em português dependendo da vontade da minha inspiração.

Pra mim, comunicação é a habilidade mais linda do mundo. Todo mundo precisa se comunicar. Grandes sucessos e fracassos começam com a nossa capacidade de entender e, eventualmente, concordar com outras pessoas.

Eu me sinto a pessoa mais sortuda do mundo por conseguir ler e escrever. Eu trato o fato de ser alfabetizada como algo extraordinário, apesar de ser básico para a maioria de nós (que tivemos acesso ao ensino fundamental e superior). Ainda assim, acho que a capacidade de ler e escrever é um presente que deve ser tratado com carinho e respeito.

Eu respeito lendo o máximo que eu consigo, nas duas línguas que eu conheço, e escrevendo. Eu escrevo porque gosto; porque acho lindo ter a capacidade de colocar ideias no papel; porque amo o som do teclado; e porque escrever à mão é fascinante.

Não é que minha letra seja linda. O que me encanta é o processo de sentar e escrever até o pulso doer. O que me fascina é deixar os pensamentos se transformarem livremente em palavras, como um feitiço que sai da varinha de uma bruxa.

Sentar e escrever à mão é um momento especial para mim e eu não ligo que pareça bobo para o resto do mundo.

Eu gosto de falar outra língua, porque ser bilíngue é poder ter personalidades diferentes e estudos confirmam o que acabo de escrever.

Eu me sinto muito privilegiada por um dia ter podido aprender inglês e compreender plenamente situações completamente distintas das que acontecem no Brasil. Entender todo um universo, tão distante do meu, é deslumbrante e ninguém vai tirar isso de mim.

Claro que não é o melhor dos mundos quando eu quero me comunicar e as palavras que eu preciso para dar sentido a uma frase desaparecem. Aí, eu me sinto como uma idiota, uma fraude. Sinto como alguém que está desperdiçando a maior bênção do mundo nos aplicativos de tradução que uso constantemente.

Mas traduzir faz parte. Não estou sempre no controle do meu bilinguismo. Sou apenas um elemento na relação fluida que existe entre as duas partes do meu cérebro.

Escrever é dar voz à alma

Outro dia, estava conversando com uma brasileira/ americana e ela me disse que tinha um erro numa frase em inglês que eu postei e me perguntou por que eu resolvi postar em duas línguas.

Eu respondi que fiz porque eu quis, porque meu público entende inglês, porque metade mora aqui também e, especialmente, porque eu não quero me limitar.

Eu entendo perfeitamente as duas línguas, leio mais em inglês do que em português e não tenho uma tomada para criar numa ou em outra língua. A minha criatividade não funciona assim.

Eu entendo que preciso ter constância no trabalho, mas o que ela não entendeu é que a minha coerência está em transitar pelos dois mundos.

Escrever algo errado não é um problema. Aprendo todos os dias até minha língua materna. Com inglês não seria diferente. O que não dá é para eu castrar minha criatividade por causa de uma preposição errada.

A preposição não muda, mas eu posso mudar e aprender a colocar tudo no lugar certo. Só para mudar as preposições de lugar ao meu bel-prazer. Escrever é mais do que uma construção perfeita.

Escrever é dar nome aos sentimentos e voz à alma.

Eu cheguei aqui

Queria começar a introdução desta parte do livro com: "parece loucura voltar à parte 1 depois de terminar a parte 2". Mas aí, eu vi que comecei assim a descrição do último ato e não quis repetir.

Estou com dificuldades de finalizar esse livro, não nego. Se fosse fácil terminar, eu não teria vivido tantos relacionamentos abusivos com pessoas e coisas.

É um pouco abusiva a relação que tenho com os meus textos, por exemplo. Sinto um prazer imensurável ao sentar na frente dessa tela de cursor piscante, gosto do barulho que meu dedo faz ao digitar, do silêncio do aquecedor ligado, da aura que me protege de tudo que acontece fora do perímetro mente, dedos, tela e do nó agonizante na garganta que cerra levemente as mandíbulas aliviando a tensão apenas com (suspiro de alívio) um grito de prazer.

Então, é claro que eu não quero terminar este livro. Quem terminaria de bom grado uma relação tão intoxicante, intensa, vibrante, e melhor de tudo, tão sua? Sua e de mais ninguém. E esse livro, em específico, também não quer que eu termine com ele, porque aí, abro espaço para outras relações tóxicas e ele não quer perder o pedestal e a soberania de ser o único capaz de me deixar a ponto de gozar a todo instante.

Terminar é preciso. Talvez eu não tivesse que ter deixado minha última psicóloga terminar comigo. Aquele foi um fim civilizado, o único que eu tive.

Gozei. Estou pronta para outra. Que venham os próximos e que eu me proteja de todos os medos de ser autora de um livro só, que permaneça em mim a vontade de ouvir o barulho do teclado e que a capacidade dos orgasmos múltiplos, perpetue. Amém!

Todas as vezes que saí de casa

Sair de casa, do estado, do país. Deixar tudo que é confortável, tudo que encaixa, tudo que *fit*. Deixar o lugar onde você conhece todas as distâncias e medidas. Ir sem passagem para voltar. É a segunda vez que vou sem a passagem de volta.

Só muda de país quem – antes de sair – já se sente estrangeiro de si. E digo mais: só sai de casa quem questiona valores, quem busca novidades, quem se sente um pouco rejeitado no ambiente familiar, meio estra(nho), meio estran(geiro). Sair de casa não é coisa de gente corajosa, é coisa de quem busca algo dentro que só encontra fora. Por isso, alguns permanecem e outros são inquietos.

Sempre fui do tipo inquieta. Outro dia, uma tia comentou que eu sempre disse que queria morar fora do Brasil. O que eu buscava enquanto criança para querer morar fora? Tenho alguns chutes, mas vou deixar para o próximo livro. Não tenho condições de escrever sobre isso agora, não enquanto aguardo minha presença em sala.

No último ano, queria ter lido mais autores que falam sobre imigração. Encontro confirmação para ser eu entre páginas transbordadas pelos meus amigos imaginários, vivos ou mortos.

Nunca achei que a minha aventura em Nova York fosse ser tão desafiadora. Nova York tem muitos estímulos e é uma cidade muito grande, às vezes, por já saber o que vou encontrar ao subir as escadas das estações de metrô, por conhecer os caminhos, por já ter vários cantinhos meus – às vezes, esqueço que moro no centro do mundo. Mas voltando ao ponto: Nova York tem muitos estímulos, é fácil se perder de si. Pesquisas mostram que pessoas que mudam de país desenvolvem mais ansiedade e depressão. Não quero entrar na questão da imigração para fora, eu estou falando de imigração interna. Estou falando de quem é imigrante de si.

Uma vez, escrevi que queria aumentar o volume do mundo para não ouvir minhas próprias questões. Fiz isso muito bem. Estar em constante mudança é deixar o mundo bem alto, se adaptar é um processo que toma conta de tudo. É mais fácil não olhar para si quando você precisa sobreviver. Mas cansei. Parei. Estou parada há três anos.

O resto são projetos, gavetas, papos no bar, no zoom, na cama, ressacas, fotos no espelho, na sala, no provador, no avião, no uber de volta para casa.

O resto são as crônicas e os ensaios sobre todas as vezes que saí de casa. Se eu fosse romancista, esse seria um *road book*, como nos filmes. Começou no Rio, foi para São Paulo, veio para Nova York, mas não acaba, como filmes também não acabam. Arte é uma representação de um momento de tudo que é ser – e estar, por que não? – neste tempo e espaço. Só uma fração de fagulha que deu azar (ou sorte?) de ser capturada e eternizada como a carta, escrita na ilha deserta e enviada na garrafa, ignorante dos perigos. Talvez a carta seja encontrada no oceano, por alguém que realmente precisava encontrar (a carta, ou este livro).

P.S: Um dia, pensei em colocar o título desta crônica homônimo ao livro. Você pode ter uma opinião sobre o assunto, se quiser, mas agora já foi.

Eu sou do Rio de Janeiro

(Leia o título com a voz da Cássia Eller.)

Essa é a minha história e de mais um monte de gente que eu conheço. Sempre que eu penso nessas outras mulheres que se conectam comigo pelos lugares onde já moramos, tenho vontade de falar mais sobre isso, mas não sei bem como.

Acontece que eu nasci no Rio de Janeiro, morei em São Paulo e agora estou em Nova York. E as cidades por onde passei dizem muito sobre a minha visão de mundo.

O Rio de Janeiro, apesar de muito turístico, não é cosmopolita. A cultura da cidade é bairrista e o carioca tem orgulho de não expandir muito, defender seus territórios e tradições já ultrapassadas.

Já São Paulo é a maior cidade do Brasil, lá você encontra de tudo. Gente de todos os cantos do país, histórias múltiplas, expansão, muita vontade de crescer e pouca tradição. Existem as famílias tradicionais de São Paulo? Claro, mas o foco da cidade não está no passado.

Nova York é São Paulo elevada à décima potência. É intensa, múltipla, tradicional, cosmopolita, diversa, dramática, extrema. Aqui não tem meio-termo, não tem jeitinho, não tem querer mais ou menos. Aqui ou é ou não é. É escuro, sombrio, misterioso, escancarado e voraz. Dá medo, mas encanta. É esta contradição frenética de quem quer o tudo ou o nada.

E eu sou tudo isso junto, misturado, com medo e coragem.

Sou assim porque vivo essas experiências ou vivo essas experiências porque sou assim?

Fica a questão.

Um lugar é o que a gente faz dele

Em 2022, de volta das férias de final de ano, pela primeira vez, cheguei em Nova York e vi a cidade sem o filtro das minhas expectativas.

Dizer que Nova York é uma cidade como outra qualquer é um desrespeito – mais com as outras capitais do que com a própria – mas não podemos esquecer de que um lugar é o que fazemos dele.

Eu queria me mudar para ver mais do mundo, conhecer outras realidades, sair da minha bolha, mas explorar dá medo e quanto mais meu consciente clamava por novas experiências, meu inconsciente buscava conforto. Aí, ao invés de expandir, me retraí.

Leva um tempo para se adaptar a uma nova cidade. O que chamam de "zona de conforto" para mim foi o momento mais incômodo do mundo: um lugar frio e escuro no dia mais efervescente do verão.

Mas tudo isso está para trás agora e eu fui capaz de ver a cidade com sua glória e desafios. Sem filtro rosa ou cinza. Afinal, um lugar é o que a gente faz dele, e até a cidade mais brilhante do mundo dorme cedo quando a gente não tem vida para raiar.

Amor cura e a vida flui

Outro dia, eu estava conversando com uma grande amiga sobre o processo de desmame do remédio da ansiedade que tomei por quase dois anos. Foram nove meses só de desmame. Entrar em tratamento psiquiátrico é uma cilada, Bino, mas, às vezes, é necessário. No meu caso, foi necessário e foram meses também para adequar a medicação. Minha história com o remédio foi parecida com um voo Rio X São Paulo. Passei mais tempo subindo e descendo do que, de fato, no ar, ou melhor, no tratamento.

A conclusão da nossa conversa, naquele dia, foi o título aqui em questão. A frase ficou na minha cabeça. Pude contar com o amor incondicional de algumas pessoas todas as vezes que precisei me reerguer. Amor é o fio de luz que pisca fraquinho quando nada mais faz sentido. Amor não tira você do fundo do poço, mas mostra a saída.

Eu costumo dizer que se estou viva hoje é graças a mim. Eu aceitei ser amada mesmo quando achava que não merecia e mesmo sem muitas referências do que era amor.

O fim das crises existenciais

Não me lembro de um momento na minha vida em que não estive em crise existencial. Sério. Eu vivi décadas querendo ser quem eu não sou e tentando me convencer de que era possível ser outra pessoa, se eu sonhasse acordada o suficiente.

Talvez por isso seja tão difícil aceitar meu atual estado de felicidade plena.

Quem diria: eu, feliz? Minha mãe vai morrer de ódio quando descobrir que encontrei a felicidade o mais longe possível dela, mas ela morre de ódio de tudo, esse é só mais um protagonismo que eu não tenho nos sentimentos confusos da minha progenitora.

Já estive preocupada em escrever ou não sobre a minha vida. Nunca fui incentivada a falar de mim, minha vida deveria ser segredo entre os familiares e amigos. Quem pouco sabe, acredita na máscara.

Comecei a fazer conteúdo com seriedade em dezembro de 2018, no podcast. Mandei o primeiro episódio para os meus pais com a intenção de mostrar a eles que eu tinha talentos, que mesmo sem ter feito o que eles queriam, eu era uma comunicadora com habilidades subjetivas e técnicas. Recebi as seguintes respostas:

– Você não devia falar tanto de você. O episódio é muito longo.

Ambos podem ser lidos como:

– Seu conteúdo não é tão interessante assim.

Olha que ironia: eu reclamo do ódio da minha mãe e estou aqui, destilando a minha falta de amor, sem consideração com os leitores.

Perdão!

A gente estava falando sobre como superei minhas crises existenciais. Meu pai vai dizer que tentou me explicar o que é felicidade a vida toda, mesmo que ele não tenha entendido direito ainda, e citar algum psicólogo pelo qual está obcecado no momento.

Eu, que não sou mais tão perdida, não vou tentar me defender ou sequer falar sobre as minhas conquistas, porque faz falta um tapinha nas costas, uma celebração, uma verdadeira demonstração de interesse no caminho que percorri para chegar até aqui.

Outras crises, com outros temas, virão, como os filmes de Natal que repetem os enredos, mas não os personagens, ou ao contrário. Mas vou saber lidar com as crises novas com a firmeza de quem não usa mais máscaras.

Minha única constância era escrever este livro

Eu mudo de ideia até demais. Coloco a culpa no ascendente em gêmeos, mas outro dia, descobri que meu gêmeo está na casa zero, ou seja, meu ascendente em gêmeos é quase em touro.

E todo esse mapa em touro – tem outros planetas – me faz querer ter garantias (de novo: a culpa é minha e eu coloco onde quiser). Mesmo sem garantias e com as milhões de ideias, algo em mim é constante e esse algo é a vontade de escrever um livro, este livro, meu livro.

Esse é o único assunto que nunca morreu, que eu falo desde o podcast, desde o Fotolog, desde os 8 anos. Não com tanta clareza, é claro! Mas esse assunto está sempre presente, diferente do Tiffany que parei de citar ao ganhar um, diferente da vontade de dirigir que morreu quando precisei dirigir por vários dias, diferente de todas as ideias que chegam e morrem na velocidade da luz na minha mente.

O livro é constante, uma das poucas vontades que, mesmo sem garantias, perpetua do meu sono ao café da manhã, navegando entre tarefas burocráticas, caminhadas, meditações, diários, shows e todos os segundos conscientes ou não da minha existência. Sem ele, sem isso, sem você, eu não sou.

Livro é perpétuo e dá medo

Outro dia, durante uma live para a qual fui convidada, me perguntaram se eu tinha medo de lançar o livro. Respondi, com todas as letras, que eu tenho medo de tudo!

Você já leu isso neste livro, mas agora que ele está no final tanto para você que lê quanto para mim que escrevo, acho importante me citar – acho muito chique quando eu faço isso almoçando com a esposa, no meu próprio livro, então, acho que pode ser até sublime, mesmo eu não sendo a Fernanda Young:

– Dá medo de dar certo; dá medo de dar errado; dá medo de ser julgada, de me acharem louca; da família dizer: "Por que você está expondo tanto a sua vida?"; dá medo de vender duas cópias; dá medo de vender 20 mil cópias... dá medo de tudo!

Segue a conversa:

– Isto é um livro de não ficção baseado em memórias. Memórias não são fatos jornalísticos, são memórias! São as minhas percepções do que aconteceu *comigo* num determinado momento.

Eu tenho outros medos, além dos que falei de improviso na live do Instagram. Alguns deles já contei ao longo do livro, e o último – pelo menos por enquanto – é ser cobrada pela família que nem no meu casamento foi.

Não demorei para encontrar esta paz os mesmos três segundos que levei para escrever a frase acima, mas encontrei e ninguém mais tira ela de mim. Nem as minhas próprias sombras.

Saindo da jaula

Uma vez, uma atriz me disse que não poderia escrever se a vida dela dependesse disso. A frase deu um nó na minha cabeça.

– Como assim, alguém não consegue escrever? Escrever é como respirar, não existe não escrever. Depois desse dia, passei a reparar nas atividades que eu não conseguiria fazer, se a minha vida dependesse disso: cantar é a mais frustrante de todas.

Em uma sessão, minha psicóloga perguntou como eu me vejo aposentada, sem escrever. Respondi que aposentada ok, sem escrever não tem como.

Vivi por mais de uma década respirando por aparelhos, dando ouvido a discursos prontos, viva pela metade, fazendo tudo que esperavam de mim, mas não exatamente.

Fui me resgatar nas profundezas dos atalhos sem saída, dos argumentos abandonados, e aprendi que eu podia continuar fugindo. Fugir é uma dor conhecida, mas perdi a impunidade. Fugir hoje é viver condenada pela minha consciência, é estar meio viva, sabendo como é ser inteira, é sucumbir ao que não sou eu e ser zumbi para agradar quem me enjaula.

Viver é um trabalho de que a gente precisa

– A vida é dura!

A frase enfaticamente representada por Selton Mello, no filme *O Cheiro do Ralo*, nunca saiu da minha cabeça, virou um dos meus bordões.

A vida é dura, eu dizia com deboche, toda vez que dizia um "não" que seria "sim" em momentos mais frágeis da minha existência.

A vida é dura. Minha autora favorita do momento repete a frase em inglês:

– *Life is hard...*

Mas a autora complementa a frase lindamente:

– *...but we can do hard things.*

– ... mas nós somos capazes de fazer coisas difíceis.

Nos momentos difíceis, repito para mim e para todas as minhas partes ansiosas, angustiadas e sedentas por certezas que nunca virão:

– Somos capazes de fazer coisas difíceis.

O lúdico mundo de Lari – onde me escondi por tantos anos dos contatos que esfregavam em mim o tamanho da minha pequenez – finalmente se despediu sem música e letras brancas em tela preta, voltou ao silêncio do castelo ilustrado do livro da minha infância, o único que alguém pensou em me dar, mas essa memória é papo para outro livro e já me alonguei demais.

Pedindo licença a Glennon Doyle, a gente é capaz de fazer coisas difíceis, porque viver é o único trabalho pelo qual vale se matar.

Viver com inteireza é o único trabalho possível.